Musée du Jeu de Paume

Musée du Louvre

Musée
du Jeu de Paume

Catalogue rédigé
par **Hélène Adhémar**
Conservateur en chef
et **Anne Dayez-Distel**
Conservateur

Quatrième édition
revue et corrigée

Secrétariat d'Etat à la Culture et à l'Environnement
Editions de la Réunion des Musées Nationaux. Paris. 1979.

Couverture :
Auguste RENOIR
Danse à la ville
(détail). 1883.

Frontispice :
Edouard MANET.
Combat de taureaux
(détail). 1865-66.

© Editions de la Réunion des Musées Nationaux, Paris 1979
© S.P.A.D.E.M. - A.D.A.G.P., Paris 1979
ISBN 2.7118.0031.8 - ISBN 2.7118.0098.9

● Reproduction couleur
□ Détail agrandi

Préface

Vers les années 1862-1863, un groupe de jeunes peintres décide de redécouvrir la nature, non plus en la traduisant à travers les lumières de l'atelier, mais en posant leur chevalet en plein air. Au moyen des nouvelles découvertes que leur apportait la science, ils vont, par la juxtaposition des tons purs, obtenir des valeurs qui leur permettront de rendre la *sensation, l'atmosphère, l'impression...* Corot et Delacroix leur en avait montré la voie (la reconnaissance envers Delacroix, Fantin-Latour l'a traduite au lendemain de la mort du Maître dans son **Hommage à Delacroix**). Mais c'est autour de Manet que les jeunes artistes vont se grouper, et Fantin en a marqué le souvenir quelques années plus tard dans l'**Atelier des Batignolles**; Manet avait exposé au Salon des Refusés de 1863 le **Déjeuner sur l'herbe**, appelé alors le **Bain**, l'Empereur lui avait préféré la **Naissance de Vénus** de Cabanel, dont il avait fait l'acquisition au Salon officiel. Aussi peut-on mesurer en comparant ces deux œuvres ce qui choquait dans l'art nouveau, dégagé de tout artifice pictural, fait de contraste, d'opposition de tons posés en larges coups de brosse. Deux ans plus tard, au Salon de 1865, les critiques furent plus violentes encore envers l'**Olympia**. Cependant au milieu de cette incompréhension, quelques voix s'élevaient pour défendre Manet, et Zola, avec une clairvoyance étonnante, écrivait que « le destin avait sans doute déjà marqué au Musée du Louvre la place future de l'**Olympia** et du **Déjeuner sur l'herbe** ».

Plus attirés par le plein air que Manet, Bazille, Monet, Sisley, Renoir vont se retrouver dans la forêt de Fontainebleau, où Daubigny avait été un des premiers à poser son chevalet. Là, ils recevront les conseils de Courbet, de Diaz qu'ils retrouveront aussi en Normandie où ils découvriront la mer avec Boudin et Jongkind.

En ces années de travail intense, passées souvent dans des conditions matérielles bien difficiles, naîtront des œuvres qui n'auront encore que peu de répercussion sur le public. Le Salon de 1870, le dernier du Second Empire, verra le triomphe de la **Salomé** de Regnault, tandis que Cézanne (par bravade, il faut le dire) présente à ce même Salon le portrait de son ami **Emperaire**, qui sera bien sûr refusé.

La guerre, qui survient peu de temps après, disperse le groupe, Bazille n'en revient pas, tué à Beaune-la-Rolande. Les autres devaient ramener de leur exil en Hollande ou en Angleterre, une affirmation de leur talent. Et c'est dans une nouvelle joie de vivre, qu'ils se retrouvent à Argenteuil ou dans l'Ile de France, et confrontent avec enthousiasme leurs recherches. Les œuvres de cette époque sont sans doute parmi les plus lumineuses de leur carrière.

En 1874, le groupe décide de présenter leurs œuvres au public. Dans cette perspective, ils louent l'atelier du photographe Nadar (35, Bld des Capucines) du 15 avril au 15 mai. Cette exposition remporte un succès de curiosité parmi les visiteurs et marque l'incompréhension parmi les critiques. C'est l'un d'eux, qui, devant l'**Impression, Soleil levant** de Monet, devait leur appliquer le terme d'**Impressionnistes**, terme de raillerie alors, repris bientôt, en signe de ralliement, par les artistes eux-mêmes, qui s'en glorifiaient. Amoureux de la nature, inlassables à en représenter les aspects les plus fugaces, Monet, Pissarro, Renoir, Sisley, Guillaumin, nous ont laissé de merveilleux témoignages de leur virtuosité. Plus attirés par le côté psychologique des êtres, Degas, Manet, Cézanne, restent dans un univers qui nous invite davantage à la réflexion. En 1882, de nouvelles tendances apparaissent. Les recherches de Seurat, sa théorie du *divisionnisme*, rencontrent un adepte en Pissarro, le plus ancien des Impressionnistes, celui qui a initié Cézanne à la peinture claire et soutiendra Gauguin.

L'année 1886 verra la fin de cette union du groupe, avec la huitième et dernière exposition Impressionniste.

Gauguin fait école à Pont-Aven, qu'il quittera quelque temps pour la Martinique, et définitivement pour Tahiti. Van Gogh arrive du Nord avec ses visions de misères ; il sera ébloui par la beauté des paysages de l'Ile-de-France ; avec Toulouse-Lautrec au talent spirituel et mordant, il connaîtra la vie des «rapins» et des cafés de l'époque avant de se rendre dans le Midi, où il y a «plus de couleur, plus de soleil».

Tous ces peintres ont un absolu besoin de lumière, ils tendent vers une couleur de plus en plus intense. Mallarmé s'étonnera de voir les œuvres de Gauguin renfermer «tant de mystère dans tant d'éclat». Van Gogh, Cézanne, exaltent la forme par la couleur, Vincent

Paul GAUGUIN.
Portrait de l'artiste
(détail). 1893.

atteindra un lyrisme dans lequel il s'anéantira. Cézanne, avec une démarche plus mesurée, allant de l'Impressionnisme, auquel il ne s'attardera pas, passant par une période constructive d'une grande puissance monumentale, aboutira, par la confusion des formes et des couleurs entremêlées, à une extraordinaire densité lumineuse, d'un lyrisme au rythme savamment architecturé.

Degas, Renoir, Monet, ne s'expriment pas de la même façon, mais leurs recherches sont identiques. Degas peint les fluctuations de la lumière sur les mouvements d'une *danseuse,* Renoir sur le corps d'une *baigneuse,* comme le fait Monet dans ses «séries» de paysages ou de *cathédrales* vues à différentes heures du jour. Ils emploient en vieillissant des tons de plus en plus colorés, comme si la diminution de leur acuité visuelle, les poussait, en un tragique effort, à transcrire la lumière au maximum de son intensité. Degas, Renoir, Monet, vivront suffisamment longtemps pour assister à la création de différents mouvements nés en réaction de leurs théories, qui, en fait, auront été à la base de ces nouvelles tendances.

Un ensemble aussi prestigieux a pu être réuni grâce à des amateurs éclairés qui, dès les premiers moments, ont su discerner le génie de ces jeunes artistes, et ont constitué des collections qu'ils ont eu la générosité de donner à l'Etat. Parfois ce sont des amis, comme Caillebotte et Bazille, peintres comme eux, mais plus fortunés, qui leur permettaient, par des acquisitions ou une aide matérielle, de ne pas tomber dans le désespoir et de continuer leur œuvre. Les noms de ces généreux donateurs sont inscrits sur un mur du Jeu de Paume, et certaines salles portent le nom des grands collectionneurs — comme Moreau-Nélaton, Camondo, Pellerin, Personnaz, Gachet, Mollard, Kaganovitch — les unissant ainsi étroitement aux artistes dans notre reconnaissance et notre souvenir.

Le bâtiment renfermait à l'origine une Orangerie comme celle qui lui fait pendant du côté Seine. Il doit son nom actuel à un Jeu de Paume installé par Napoléon III sur la terrasse des Feuillants, aux Tuileries, pour son fils le Prince Impérial. Les travaux d'aménagement furent confiés à l'architecte Viraut, et l'inauguration eut lieu le 29 janvier 1862 ; le Jeu de Paume plusieurs fois agrandi, fut affecté aux expositions au début du XXᵉ siècle, lorsque la paume fut remplacée par le tennis. La première manifestation fut la présentation en 1909 de « Cent Portraits de femmes des écoles anglaises et françaises du XIXᵉ siècle ». Les expositions se succédèrent, année après année. Notons, parmi les plus importantes, l'exposition hollandaise de 1921, où figurait, outre huit Van Gogh, la **Vue de Delft** de Vermeer, que Proust, comme son Bergotte, vint admirer au prix d'une crise d'asthme.

Dès 1924, Léonce Bénédite, Conservateur du Musée du Luxembourg (qui pensait y placer les **Nymphéas** de Monet et créer à l'Orangerie un centre Impressionniste), projette de transporter au Jeu de Paume les collections étrangères de son Musée : l'installation dans les salles rénovées des toiles étrangères n'eut lieu qu'en 1932, laissant toutefois une partie du bâtiment pour les expositions temporaires qui se succédèrent jusqu'en 1941. Pendant la guerre les collections étrangères trouvent place au Musée d'Art Moderne et au Musée de Compiègne. Au Jeu de Paume, les nazis entreposèrent les collections saisies en France avant leur départ pour l'Allemagne ; une partie de ces collections y revint en 1945 avant d'être restituées à leurs possesseurs par le Service de la Récupération Artistique Nationale.

C'est après la guerre, en 1947, que M. René Huyghe, alors Conservateur en Chef du département des peintures, fait transporter du Louvre au Jeu de Paume les collections impressionnistes, « dans un cadre prédestiné », écrit-il dans la préface du catalogue « par ses nombreuses fenêtres, par ses baies, il est tout baigné de cette lumière vivante qui fut la découverte et la hantise de ces peintres, non pas la lumière trop égale et quelque peu solennelle des musées, mais une lumière toute émue encore d'avoir frôlé ces feuillages, ces gazons, ces bassins sur lesquels le Jeu de Paume s'ouvre de toutes parts». Le musée fut entièrement modifié en 1954 par M. Germain Bazin afin d'y apporter des aménagements muséologiques indispensables : climatisation, éclairage, présentation plus appropriée des œuvres dont le nombre s'était accru de façon notable.

En 1969, les salles furent de nouveau rénovées, les œuvres présentées dans un ordre chronologique, toutefois sans trop de rigueur comme l'exigent une présentation harmonieuse et parfois les impératifs imposés par les donateurs. Cependant nous avons pu, par le subterfuge d'une ouverture dans les salles où sont réunies les toiles des collections qui comportaient une obligation de groupement, les rapprocher des œuvres du même peintre se trouvant dans le Musée. Ceci a été fait pour les Manet de la collection Moreau-Nélaton, les Degas de la collection Camondo, les Cézanne de la collection Gachet. D'autre part, la collection Antonin Personnaz, qui était restée au Louvre, a pris place au Jeu de Paume, et dernièrement une salle a été consacrée à la donation du Dr Eduardo Mollard, une autre à la donation Max et Rosy Kaganovitch.
Le prêt des sculptures de Gauguin par le Département des Objets d'Art et le Musée des Arts Africains et Océaniens, joint aux panneaux et aux vitraux, nous a permis de présenter, dans la salle où sont réunies ses toiles, un ensemble unique de l'art du Maître sous toutes ses formes d'expression.
Cette réorganisation a permis par ces regroupements de mettre en évidence l'importance exceptionnelle de l'œuvre des grands artistes impressionnistes.
Les espoirs qui nous sont donnés d'avoir un local plus vaste pour les abriter ne peut que nous réjouir. Nous pourrons alléger la présentation actuelle, et trouver en annexe aux salles d'exposition des salles audio-visuelles indispensables pour relater l'histoire du mouvement, faire connaître l'œuvre et la vie des artistes, et même des salles de discussions et de conférences afin que l'on puisse, dans le Musée, contempler les œuvres dans le silence.

Hélène Adhémar

Paul CEZANNE.
Une moderne Olympia (détail). v. 1873.

Bazille

Jean-Frédéric
1841-1870

La Robe Rose
ou Vue de Castelnau. 1864.

Forêt de Fontainebleau. 1865.

● Reproduction couleur
□ Détail agrandi

L'Ambulance improvisée. 1865.

Réunion de Famille. 1867.

Portrait de Renoir. 1867.

□ L'Atelier de Bazille. 1870.

Venu à Paris en 1862, Bazille fréquente l'atelier de Gleyre où il rencontre Claude Monet. Il se lie avec Cézanne, Guillaumin, Sisley, Zola, Solari et surtout avec Monet et Renoir. Il subit fortement l'influence de Courbet qu'il admire, mais plus encore celle de Manet. En même temps les recherches de Boudin, Corot, Th. Rousseau, l'intéressent. En 1865, il pose pour **Le Déjeuner sur l'herbe** de Monet et participe aux réunions du café Guerbois. Il expose aux Salons de 1866, 1868, 1869 et 1870.

Engagé volontaire à la guerre de 1870, il est tué la même année au combat de Beaune-la-Rolande (Loiret).

L'étude de la lumière et du plein air, ainsi qu'une recherche de la peinture claire, en font un des pionniers de l'Impressionnisme.

En se portant acquéreur en 1867 des **Femmes au jardin** (R.F. 2773) de Monet, Bazille devint aussi l'un des premiers amateurs de peinture impressionniste. Ses camarades durent beaucoup à son aide généreuse et désintéressée qui leur permit de surmonter leurs difficultés matérielles en ces débuts de l'Impressionnisme.

Boudin

Louis-Eugène
1824-1898

● La Plage de Trouville. 1864.

La Plage de Trouville. 1865.

La Plage de Trouville. 1867.

Baigneurs sur la plage de Trouville. 1869.

Le Port d'Anvers. 1871.

Boudin, qui reçut les conseils d'Isabey et de Troyon et sur qui l'art de Corot et celui de Courbet firent une forte impression, a été marqué avant tout par Jongkind. Peintre de plein air, observateur attentif du ciel et de la mer, il exécuta un grand nombre d'études au pastel et de peintures où il fixa les aspects changeants de l'atmosphère.

Il fut le premier maître de Monet au Havre. Vers 1860, installé à Honfleur, Boudin fréquenta le groupe de la ferme Saint-Siméon; cette auberge rustique où Boudin avait amené Courbet avait vu passer Diaz, Troyon, Cals, Daubigny, Corot; en 1874 il participa à la première exposition impressionniste. Boudin travailla aussi en Bretagne, dans le Midi de la France, à Bordeaux, en Belgique, en Hollande et à Venise.

En effet dès 1861, passant l'hiver à Paris, il travaille l'été sur le motif, voyageant très souvent.

Boudin participa seulement à l'exposition impressionniste de 1874, préférant les années suivantes exposer au Salon; pourtant son marchand fut aussi celui des Impressionnistes, Paul Durand-Ruel, qui lui consacra plusieurs grandes expositions particulières (1883, 1889, 1890, 1891).

Boudin

La plage de Trouville.

Le nom de Boudin, né à Honfleur, mort à Deauville, est inséparable de ses toiles évoquant les plages normandes.

Une bourse accordée par la municipalité du Havre lui avait permis d'étudier trois ans à Paris (1851-1854); admirant profondément Corot, l'artiste souhaitait se consacrer au paysage. De retour au Havre, Boudin va s'attacher à décrire, peignant d'après nature, l'aspect des côtes et des ports de Normandie.

Seuls les séjours à Paris et des voyages en Bretagne, à Bordeaux, dans le Midi de la France et même à Venise ou en Hollande, etc., introduisent une variation dans les motifs de l'artiste; dès 1856, son carnet intime nous donne le sens de ses recherches : «Nager en plein ciel. Arriver aux «tendresses» du nuage. Suspendre ces masses au fond, bien lointaines dans la brume grise, faire éclater l'azur...»

Vers 1862, il aborde un thème particulier, à la limite de la scène de genre, celui des plages animées par la foule des élégants estivants qui commençaient alors à fréquenter Deauville et Trouville. Accumulant les croquis aquarellés, faits sur nature, simples pochades préludes à des œuvres accomplies comme cette **Plage de Trouville** de 1864, Boudin recrée l'atmosphère gaie et mondaine des plages à la mode. Le sujet, un peu superficiel, lui laisse toute liberté de s'exprimer selon sa sensibilité. Cette peinture claire, détaillant toutes les vibrations de la lumière, influença profondément le jeune Claude Monet, originaire lui aussi du Havre. «Si je suis devenu peintre», dira Claude Monet, «c'est à Eugène Boudin que je le dois», soulignant ainsi l'importance du rôle de Boudin dans la naissance de l'Impressionnisme.

Ce petit panneau compte sans doute parmi les œuvres les plus attachantes de la collection formée par Eduardo Mollard et dont la plus grande partie se retrouve groupée au Musée du Jeu de Paume grâce à une donation de 1961, suivie d'un legs en 1972. Le choix sensible de l'amateur montre, à travers les plus grands peintres de la seconde moitié du XIXe siècle, comment ceux-ci traitèrent le thème de la lumière.

La Plage de Trouville. 1864.

Boudin

Le Port de Camaret. 1872.

Paysage aux lavandières. 1873.

Le Port de Bordeaux. 1874.

Le Port de Bordeaux. 1874.

Marine. 1881.

Voiliers. v. 1885-90.

Le Port du Havre, Bassin de la Barre. 1888.

La Jetée de Deauville. 1889.

●□ Venise - Quai des Esclavons. 1895.

Caillebotte

Gustave
1848-1894

Les Raboteurs de parquet. 1875.

Toits sous la neige. 1878.

Henri Cordier. 1883.

Voiliers à Argenteuil. v. 1888.

Autoportrait. v. 1889.

D'une famille aisée de la bourgeoisie parisienne, Caillebotte travailla dans l'atelier Bonnat et fut reçu à l'Ecole des Beaux-Arts en 1873. Vers cette époque il entra en relations avec les Impressionnistes et abandonna l'enseignement officiel pour se joindre à leur groupe. Il participa, en 1876, à la deuxième exposition impressionniste et devint, à partir de ce moment, un des animateurs de ce mouvement, en même temps qu'un véritable mécène pour ses camarades.

Il débuta en réaliste avec des scènes de la vie contemporaine et des vues de Paris. Vers 1882, sous l'influence de Monet, il se consacra à la peinture de paysage et exécuta de nombreuses vues de la Seine à Argenteuil.

En léguant à l'Etat son importante collection composée exclusivement d'œuvres des Impressionnistes, il ouvrit à ces derniers les portes des Musées Nationaux.

Cassatt

Mary
1844-1926

Femme cousant. *v.* 1886.

Fille d'un riche banquier de Pittsburg, elle vient travailler
en France en 1868 et devient élève de Chaplin. Elle visite
l'Italie, l'Espagne, la Belgique. Degas sut la diriger et la
conseiller. Elle participe, en 1879, à la quatrième exposition du groupe et incite Mme Havemeyer à s'intéresser
aux œuvres de ses amis. Impressionniste par la couleur,
elle recherche aussi la ligne et ses raffinements sous l'influence des estampes japonaises et de Degas. Elle meurt
au château de Beaufresne au Mesnil-Théribus (Oise) en
1926, presque aveugle.

Cézanne

Paul
1839-1906

Tête de vieillard. *v.* 1866.

La Madeleine ou la Douleur.
v. 1868-69.

Nature morte à la bouilloire. *v.* 1869.

Achille Emperaire. *v.* 1868.

La femme étranglée. *v.* 1870-72.

Travaillant à Paris dès 1861-1862 à l'Académie Suisse où il rencontre Pissarro et Guillaumin, Cézanne se lie avec le groupe du Café Guerbois dominé par la personnalité de Manet et où il retrouve aussi E. Zola, son ami d'enfance. De 1863 à 1870 il se partage entre Aix et Paris ; cette première période dite «romantique» ou «baroque» reflète son admiration pour Delacroix et le Maniérisme vénitien ; de 1872 à 1874 il réside à Auvers-sur-Oise : sous l'influence de Pissarro il s'initie à la peinture claire. Il participe aux expositions impressionnistes de 1874 et 1877. A partir de 1882 le séjour à Aix-en-Provence, dans l'isolement, lui permet de prendre conscience de lui-même ;

l'artiste élabore, au-delà de l'impressionnisme, un art solidement structuré où la couleur traduit la plénitude de la forme évoluant vers un lyrisme grandissant à la fin de sa vie. En 1895 Vollard lui consacre une grande exposition, à Paris, qui, mal accueillie du grand public, est une révélation pour les jeunes artistes qui le reconnaissent comme leur maître. A partir de 1904 il expose au Salon d'Automne où a lieu une exposition rétrospective de son œuvre en 1907.

Cézanne

Route de village. Auvers.
v. 1872-73.

La maison du Dr Gachet
à Auvers. *v.* 1873.

La Maison du Pendu. 1873.

Carrefour de la Rue Rémy à Auvers.
v. 1873.

●□ Une moderne Olympia. *v.* 1873.
(voir page 11).

Les accessoires de Cézanne.
Nature morte au médaillon
de Philippe Solari. *v.* 1873.

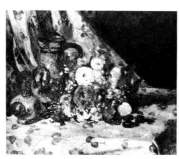

Bouquet au dahlia jaune. *v.* 1873.

Pommes vertes. *v.* 1873.

Cézanne

Pommes et oranges.

Cette nature morte fut parmi les premières œuvres de Cézanne à entrer dans les collections publiques françaises grâce au legs Isaac de Camondo décédé en 1911. Quelques années après sa mort (1906) Cézanne entrait au Louvre. Pourtant, de son vivant l'artiste n'avait guère connu l'approbation du public, si ce n'est d'un cercle restreint d'amateurs, à peine élargi après l'exposition rétrospective chez Vollard en 1895.

La nature morte fut toujours un thème favori de Cézanne ; celle-ci, datant de la dernière période de l'artiste (v. 1895-1900), résume ses conceptions artistiques élaborées au cours des années. Toutes les natures mortes de Cézanne ont ceci de commun qu'elles décrivent des objets ordinaires, propres à la vie quotidienne. Leur simplicité exalte par contraste la valeur plastique de leurs formes et le jeu des incidences de la lumière sur ces objets, thème même de l'œuvre. Abandonnant les règles traditionnelles de la perspective, Cézanne construit un espace idéal que chaque objet contribue à déterminer. En mai 1904, Cézanne s'exprimait ainsi dans une lettre à Emile Bernard : « Le littérateur s'exprime avec des abstractions, tandis que le peintre concrète, au moyen du dessin et de la couleur, ses sensations, ses perceptions. On n'est ni trop scrupuleux, ni trop sincère, ni trop soumis à la nature, mais on est plus ou moins maître de son modèle, et surtout de ses moyens d'expression. Pénétrer ce qu'on a devant soi et persévérer à s'exprimer le plus logiquement possible. »

Cézanne s'est toujours défendu d'être un théoricien abstrait et insistait sur la nécessité absolue pour un peintre de s'astreindre à «l'étude concrète de la nature» : «L'étude réelle et prodigieuse à entreprendre, c'est la diversité du tableau de la nature» disait-il (lettre à Emile Bernard, 12 mai 1904). Pourtant, son art est le point de départ de toutes les spéculations artistiques du XXe siècle.

Pommes et oranges.

Cézanne

Bouquet au petit Delft.
v. 1873.

Dahlias. *v.* 1873.

☐ Portrait de l'artiste.
v. 1873-76.

Portrait de l'artiste.
v. 1877-80.

Nature morte à la soupière. *v.* 1877.

L'Estaque. *v.* 1878-79.

Le Pont de Maincy. 1879-80.

Cour de ferme à Auvers.
v. 1879-80.

Les Peupliers. *v.* 1879-80.

Le Vase bleu. *v.* 1885-87.

Nature morte au panier. *v.* 1888-90.

Les Joueurs de cartes. *v.* 1890-95.

Lạ Barque (fragment). *v. 1890.*

Baigneurs. *v.* 1890-92.

Baigneurs. *v.* 1890-1900.

Femme à la cafetière.
v. 1890-95.

Nature morte aux oignons. *v.* 1895.

● Pommes et oranges. *v.* 1895-1900.

Degas

Hilaire-Germain-Edgar
1834-1917

Portrait de l'artiste. *v.* 1854-55.

Hilaire-René de Gas. 1857.

Marguerite de Gas.
v. 1858-60.

Marguerite de Gas.
v. 1858-60.

Giovanna Bellelli. *v.* 1856.

Etude de mains.

□ La Famille Bellelli. *v.* 1858-60.

D'une famille de banquiers installés à Naples depuis 1789. Il prépare en 1854 l'Ecole des Beaux-Arts sous la direction de Lamothe, élève d'Ingres et Flandrin, et y entre l'année suivante pour n'y faire qu'un bref séjour.

De 1856 à 1857 il est à Rome et Naples où il étudie les Primitifs. Peintre d'histoire et de portraits, influencé par Ingres, il envoie régulièrement au Salon jusqu'en 1870 des œuvres qui paraissent dans la bonne tradition. Mais un sens aigu de la «modernité», un goût de la mise en page originale, la recherche du mouvement pris dans son instantanéité et bientôt la découverte du pastel et de la couleur le conduisent vers le groupe de peintres et de littérateurs du café Guerbois.

Dès 1874, il exposera régulièrement avec les Impressionnistes (sauf en 1882) mais en 1886 son individualisme irréductible l'éloigne définitivement du groupe. Il voyage beaucoup tant en Europe (Italie, Angleterre, Belgique, Hollande et Espagne) qu'en Amérique (il fit un long séjour en 1872-1873 à la Nouvelle-Orléans où une partie de sa famille était établie).

Après 1890, Degas, dont la vue commence à baisser, renonce peu à peu à la peinture pour le pastel, le monotype, la sculpture. Il meurt à Paris en 1917.

Degas

Sémiramis construisant Babylone (étude).
v. 1861.

Sémiramis construisant Babylone. 1861.

Course de gentlemen.
Avant le départ. 1862.

Thérèse de Gas.
v. 1863.

Degas et Valernes. v. 1864.

Scène de guerre au Moyen Age. 1865.

Portrait de jeune femme.
1867.

E. de Valernes. 1868.

Le violoncelliste Pillet. v. 1868-69.

Degas

L'étoile ou la danseuse sur la scène.

Dès 1868, Degas nous avait introduits dans le monde de l'Opéra et des musiciens avec son **Orchestre de l'Opéra** ; en 1872, il décrit cette fois **Le foyer de la danse à l'Opéra de la rue Le Peletier** : dès lors l'artiste ne cessera de reprendre le thème des danseuses sur la scène, auréolées de la féerie du spectacle ou saisies dans une attitude familière, dans les coulisses. Ce sujet réaliste et contemporain ne pouvait manquer de susciter l'attention de Degas ; l'expression d'un mouvement éphémère saisi dans son instantanéité était en effet un des soucis constants de l'artiste ; d'autre part, les effets d'éclairages contrastés et mystérieux propres au théâtre, les vifs éclairs de couleur, correspondaient à sa sensibilité.

Le petit pastel, **L'étoile ou la danseuse sur la scène**, datant de 1878, résume admirablement les intentions de l'artiste. Composition savamment déséquilibrée qui met en valeur la silhouette légère de la danseuse, saisie dans un éclair de lumière ; perfection technique opposant des zones soigneusement achevées à d'autres rapidement colorées, aux nuances subtiles, volontairement ternes ou fulgurantes.

Il est très probable que Degas se soit servi pour ce pastel de l'esquisse rapide laissée sur une feuille par la plaque d'un monotype, procédé de gravure très particulier mais très souvent employé et perfectionné par Degas.

L'Etoile
ou la
danseuse
sur la scène.

Degas

L'orchestre de l'Opéra.
v. 1868-70.

Pagans et Auguste de Gas.
v. 1869.

La Repasseuse. 1869.

Falaise au bord de la mer. 1869.

Etude de ciel.

Arbres limitant une plaine.

Mademoiselle Dihau au piano.
v. 1869-72.

Jeantaud, Linet, Lainé. 1871.

Femme à la potiche. 1872.

Le Foyer de la Danse
à l'Opéra de la Rue Le Peletier. 1872.

Le pédicure. 1873.

Répétition d'un ballet sur la scène. 1874.

La Classe de danse. *v.* 1874.

Mme Jeantaud au miroir. *v.* 1875.

Au Café, dit l'Absinthe. 1876.

Danseuse au bouquet saluant. *v.* 1877.

Fin d'arabesque. *v.* 1877.

● L'Etoile ou la danseuse.
   sur la scène. *v.* 1878.

Degas

A la Bourse. *v.* 1878-79.

●□ Chevaux de courses devant les tribunes. *v.* 1879.

Le champ de courses. Jockeys amateurs près d'une voiture. *v.* 1880.

Chanteuse. *v.* 1880.

Grande danseuse habillée. 1880.

Trois études de la tête d'une danseuse. *v.* 1880

Danseuses montant un escalier. *v.* 1886-90.

Femme dans son bain
s'épongeant la jambe. *v.* 1883.

Les Repasseuses. *v.* 1884.

Le Tub. 1886.

Après le bain,
femme s'essuyant les pieds. 1886.

Arlequin et Colombine.
v. 1886-90.

Danseuses bleues. *v.* 1890.

Femme se lavant dans sa baignoire. *v.* 1892.

Fantin-Latour

Henri
1836-1904

La Liseuse. 1861.

Narcisses et tulipes. 1862.

Hommage à Delacroix. 1864.

● Fleurs et fruits. 1865.

A. Vollon (Fragment).
1865.

Elève de son père, Jean-Théodore Fantin-Latour et de Lecoq de Boisbaudran, il copia beaucoup de chefs-d'œuvre au Louvre. Ami et défenseur de Manet, il fréquentait aussi le Café Guerbois, tout en restant fidèle à un classicisme mesuré. Portraitiste, peintre intimiste, il est surtout célèbre par ses grandes compositions de groupes. Attiré par Whistler, il fit trois séjours successifs en Angleterre (1859, 1861, 1864) ; il eut dans ce pays un grand succès comme peintre de fleurs et vers 1872-74 ce genre domine dans son œuvre. Mélomane averti, une part de sa production et de nombreuses lithographies ont été consacrées au rêve et à la musique.

Fantin-Latour

Fleurs et fruits.

Fantin-Latour occupe une place un peu à part dans son temps. Ami et défenseur de Manet, il est l'auteur de deux toiles, « manifestes » de l'avant-garde des années 1860-1870, c'est-à-dire de l'**Hommage à Delacroix** (1864) et surtout de l'**Atelier des Batignolles** (1870) où, groupés autour de Manet devant son chevalet, se reconnaissent Renoir, Zacharie Astruc, Emile Zola, Edmond Maître, Bazille, Monet, etc.

Pourtant, de par son style, Fantin-Latour restait attaché à un classicisme mesuré et se tint en dehors de l'Impressionnisme malgré les liens de sympathie qui le liaient à ses camarades. Aux scènes de plein-air, Fantin-Latour préférait les scènes d'intérieur où objets et personnages se colorent de tonalités sombres aux reflets cuivrés et où éclate parfois la note rouge d'un bouquet de fleurs ou le blanc d'une nappe. En dehors des portraits ou, plus tard, d'allégories inspirées par la musique contemporaine et teintées de symbolisme, Fantin-Latour peignit de nombreuses natures mortes, composées de fleurs, de fruits et de quelques objets simples ; très traditionnelles par leur composition soigneusement élaborée, leur charme réside surtout dans leur coloris raffiné ; en dehors de morceaux traités dans une pâte plus dense, elles conservent une certaine transparence qui évoque la technique émaillée des peintures anciennes. Pleines de poésie un peu désuète, les natures mortes de Fantin étonnent à l'époque de Renoir et de Monet.

Fleurs et fruits.

Fantin-Latour

L'Atelier des Batignolles. 1870.

□ L'Atelier des Batignolles. 1870.

Un Coin de table. 1872.

Etude de femme nue. 1872.

Victoria Dubourg. 1873.

La Famille Dubourg. 1878.

Charlotte Dubourg. 1882.

Roses dans une coupe. 1882.

Autour du piano. 1885.

Adolphe Jullien. 1887.

Le Coucher.

La Nuit. 1897.

Gauguin

Paul
1848-1903

La Seine au Pont d'Iéna. 1875.

Nature morte
à la mandoline. 1885.

Les lavandières à Pont-Aven. 1886.

La Fenaison en Bretagne. 1888.

Les Alyscamps. 1888.

La Belle Angèle. 1889.

D'ascendance hispano-péruvienne par sa mère, Gauguin qui passe ses années d'enfance au Pérou, hanté par la nostalgie du voyage, se croit d'abord une vocation de marin, mais en 1871, il devient agent de change et se marie en 1873. C'est alors qu'il se met à peindre pour se distraire. Il est introduit par Pissarro dans le milieu impressionniste. En 1883, il abandonne vie sociale et famille pour se consacrer à la peinture.

En 1886, il part pour Pont-Aven, en 1887 pour la Martinique, où il est mis en face des tons violents de la nature tropicale. Ces deux voyages éloignent Gauguin de l'impressionnisme. La rupture se fait en 1888 lors du second séjour à Pont-Aven avec E. Bernard et Sérusier et du voyage à Arles, auprès de Van Gogh. Gauguin est à l'origine du **cloisonnisme** (recherche de la couleur pure) et du **synthétisme**. Il fréquente les milieux symbolistes ; en 1891, il part pour Tahiti d'où il rentre en 1893. Mais en 1895, il repart définitivement partager la vie simple des indigènes de Tahiti. En 1901, il s'installe à la Dominique où il meurt en 1903.

Gauguin

La Famille Schuffenecker. 1889.

Les Meules jaunes. 1889.

Nature morte à l'éventail. 1889.

Femmes de Tahiti. 1891.

●□ Le Repas. 1891.

● Arearea. 1892.

●□ Portrait de l'artiste. 1893.
(voir page 7).

Portrait de W. Molard. v. 1893-94.
(Revers du tableau précédent).

Paysage de Bretagne. 1894.
(Le Moulin David).

Motifs floraux et végétaux. 1893.   Tahitienne dans un paysage. 1893.

Gauguin

Linteau de la porte de la case d'Hiva-Oa.

Panneau horizontal provenant de la case d'Hiva-Oa.

Vitrine. Bois sculptés et céramiques.

Panneaux verticaux provenant de la case d'Hiva-Oa.

Gauguin

Arearea.

Lorsqu'en 1891 Gauguin part pour Tahiti il a déjà formulé sa doctrine artistique. Celle-ci, appelée «synthétisme», avait été élaborée au cours d'un séjour en Bretagne, à Pont-Aven, en compagnie d'Emile Bernard ; rompant avec ses antécédents impressionnistes, Gauguin s'était mis à peindre suivant des principes nouveaux, simplifiant les formes et utilisant de larges à-plats de couleur pure nettement cernés ; ce style, délibérément décoratif s'inspirait de l'art populaire (et aussi des estampes japonaises découvertes par les Impressionnistes). Ces idées, d'autre part, correspondaient aux définitions poétiques du Symbolisme de même que les sujets et thèmes illustrés par le peintre. Gauguin qui conservait les souvenirs d'une enfance passée au Pérou et ceux d'un premier voyage à la Martinique (1887), abandonnant le monde occidental, recherchait le choc de l'exotisme et d'un milieu primitif.

Arearea («Joyeusetés»), peint durant le premier séjour de l'artiste à Tahiti (1892) évoque les cérémonies tahitiennes. Par un procédé cher à l'artiste les personnages et le chien du premier plan ne sont pas nettement dissociés de la procession déployée en frise dans un lointain magique (l'idole monumentale fut d'ailleurs imaginée par l'artiste qui n'avait pu connaître à Tahiti que des statuettes de petites dimensions). Cette absence de relief, la simplification des volumes et du dessin, l'intensité «barbare» des couleurs contribuent à faire de cette œuvre une image étrange, empreinte du mystère des choses inconnues ou mal expliquées.

Cette œuvre fut exposée en 1898 chez Durand-Ruel à Paris, suscitant l'étonnement, l'admiration mais aussi la raillerie. Gauguin s'expliqua un peu plus tard en ces termes : «J'obtiens par des arrangements de lignes et de couleurs, avec le prétexte d'un sujet quelconque emprunté à la vie ou à la nature, des symphonies, des harmonies ne représentant rien d'absolument *réel* au sens vulgaire du mot, n'exprimant directement aucune idée, mais qui doivent faire penser comme la musique fait penser, sans le secours des idées ou des images, simplement par les affinités mystérieuses qui sont entre nos cerveaux et de tels arrangements de couleurs et de lignes.»

Arearea.

Gauguin

Village breton sous la neige.
Sans doute *v*. 1894.

Paysannes bretonnes. 1894.

Portrait de l'artiste. 1896.

Vairumati. 1897.

Le cheval blanc. 1898.

Et l'or de leur corps. 1901.

Gonzalès

Éva
1849-1883

Une Loge aux Italiens. 1874.

Eva Gonzalès, élève de Chaplin, fut avant tout l'élève de Manet, mais elle ne suivit pas sans peine l'évolution de l'artiste vers la peinture claire. Ses pastels cependant montrent l'emploi de tons très doux et pleins de charme d'une artiste décédée prématurément.
Elle épousa en 1878 le graveur Henri Guérard.

Guillaumin

Armand
1841-1927

Chemin creux,
effet de neige. 1869.

Péniches sur la Seine à Bercy. 1871.

Nature morte. 1872.

Soleil couchant à Ivry. 1873.

Paris, quai de Bercy, effet de neige.
v. 1873.

Place Valhubert à Paris. v. 1875.

Né à Paris en 1841, d'une famille originaire de Moulins.
En 1864 il travaille à l'Académie Suisse, où il connaît
Cézanne et Pissarro. Peintre du dimanche, lorsqu'il est
employé des Ponts et Chaussées en 1868, il fait des vues
de Paris et de sa banlieue.
Dès 1870 il se rend souvent chez le Dr Gachet à Auvers-
sur-Oise, qui restera un fidèle ami et amateur. Il continue
à peindre dans la région parisienne (Damiette, Epinay-sur-
Orge), puis, à partir de 1891, dans la Creuse (Crozant) et
le Midi (Agay). Un voyage le conduit en Hollande en 1904.

Portrait de l'artiste. *v.* 1875.

Femme nue couchée. *v.* 1877.

Paysage de plaine. *v.* 1878.

Le Port de Charenton. 1878.

Les pêcheurs. *v.* 1885.

Tournant de route,
après la pluie. *v.* 1887.

Paysage en Normandie :
les Pommiers. *v.* 1887.

Vue d'Agay. 1895.

Vue de Hollande, bateaux à voiles. 1904.

Jongkind

Johan-Barthold
1819-1891

Ruines du château de Rosemont. 1861.

La Seine et Notre-Dame de Paris. 1864.

En Hollande, les barques
près du moulin. 1868.

La Meuse à Dordrecht. 1870.

Rue de l'Abbé-de-l'Epée.
1872.

Si Jongkind n'adhéra jamais au groupe des Impressionnistes et n'exposa pas avec lui, il n'en exerça pas moins une influence décisive sur la peinture de son temps. Il vint en France en 1846, séjourna à plusieurs reprises à Honfleur et au Havre (entre 1847 et 1865) ; on sait qu'il entretint des relations amicales avec Boudin et que Monet lui demanda des conseils. Il travailla également beaucoup à Paris et dans l'Isère. Avec Jongkind s'affirment un bouleversement total de la notion de paysage (dont Corot et l'Ecole de Barbizon ont été les annonciateurs) et la prédilection pour l'expression d'un état atmosphérique fugitif.

Lebourg

Albert-Charles
1849-1928

Le Port d'Alger. 1876.

Route au bord de la Seine
Neuilly. *v.* 1888.

L'écluse de la Monnaie à Paris.

Bords de l'Ain. 1897.

Neige à Pont du Château.

Remorqueurs à Rouen. 1903

Formé dans un atelier d'architecte, professeur de dessin de 1872 à 1876 à la Société des Beaux-Arts d'Alger, Lebourg se révèle vite un paysagiste très doué. Il séjourne en Auvergne (1884-1888) mais préfère à tout les paysages de Normandie et il finit par se fixer à Rouen après des voyages en Hollande, Belgique, Angleterre et Suisse. Il fréquente les Impressionnistes et expose avec eux en 1879 et 1880.

Lépine

Stanislas-Victor-Édouard
1836-1892

Le Port de Caen. *v.* 1859.

Le fils de l'artiste.

Chaland à quai.

La Seine à Charenton.

Quais de la Seine, Pont-Marie. 1868.

Paysage. 1869.

Montmartre,
rue Saint-Vincent.

Le Marché aux pommes. 1889.

Lépine, élève de Corot, sut saisir l'esprit de son maître et eut, comme lui, le goût profond de la nature. Peintre de Caen, sa ville natale, il devint également un des peintres attitrés de Paris, de ses quais et des coins pittoresques de la Butte-Montmartre. Il exposa pour la première fois en 1859 et ne cessa d'envoyer de ses peintures aux Salons ; il demeura cependant assez ignoré de ses contemporains. Il resta à l'écart de toute vie de groupe, bien qu'en 1874 il ait exposé avec les Impressionnistes. Il subit l'influence de Jongkind, comme lui protégé du comte Doria, mécène influent de l'époque.

Manet

Édouard
1832-1883

●□ Monsieur et Madame
Auguste Manet. 1860.

Lola de Valence. 1862.

□ Le Déjeuner sur l'herbe. 1863.

● Olympia. 1863.

Nature morte. Fruits sur une table. 1864.

Branche de pivoines blanches
et sécateur. 1864.

Fils d'un magistrat, appartenant à une famille de la grande bourgeoisie, Manet entra en 1849 dans l'atelier de Couture mais il ne put se plier à son enseignement conventionnel et se forma en copiant les chefs-d'œuvre dans les musées, en France et à l'étranger (voyages en Italie dès 1853, en Allemagne, Hollande, 1856). Son attirance pour l'art espagnol du XVIIe siècle, Vélasquez, Zurbaran, Murillo, le conduit en Espagne en 1865 et les fonds gris unis de certaines de ses œuvres dénotent son admiration pour Goya. Dès 1861 il présente une œuvre au Salon (**Le Chanteur Espagnol**, New York, Metropolitan Museum) ; en 1863, le **Déjeuner sur l'herbe** est refusé par

le jury avec deux autres toiles et exposé, faisant scandale, au Salon des Refusés. Plusieurs expositions personnelles de ses œuvres ont lieu à la Galerie Martinet (1861, 1863, 1865) et en 1867, année de l'Exposition Universelle, Manet présente ses œuvres refusées par le jury officiel dans un baraquement à l'Alma. C'est vers cette époque qu'il participe aux réunions du Café Guerbois où il retrouve les peintres et littérateurs naturalistes. Il s'impose aux jeunes peintres et groupe autour de lui les fondateurs de l'Impressionnisme ; cependant il n'expose jamais avec eux. Officier d'Etat-Major de la Garde Nationale en 1870, il rejoint sa famille après la guerre à

Manet

Tige de pivoines et sécateur.
v. 1864.

Vase de pivoines
sur piédouche. 1864.

Anguille et rouget. 1864.

Angélina. 1865.

●□ Combat de taureaux. 1865-66.
(voir frontispice).

Le Fifre. 1866.

Oloron, Arcachon, Bordeaux où il peint des paysages :
c'est le début de la peinture de plein-air à laquelle il va
s'adonner dans les années suivantes sous l'influence de
Monet qu'il avait retrouvé à Argenteuil.
Atteint d'ataxie dès 1880, il séjourne à Bellevue (1880),
à Versailles (1881), à Rueil (1882) où il exécute des
séries de vues de jardins. A partir de 1863, Manet avait
tenu à envoyer régulièrement des œuvres aux Salons
officiels, rencontrant souvent des refus (en 1866 et 1867
puis en 1876) et l'incompréhension du public sensibilisé
depuis le scandale de l'**Olympia** (1865).

Emile Zola. 1868.

La Lecture. *v.* 1868.

Madame Manet au piano. *v.* 1868.

Le Balcon. *v.* 1868-69.

Clair de lune
sur le port de Boulogne. 1869.

Berthe Morisot à l'éventail. 1872.

La Dame aux éventails. 1873.

Manet

●□ Sur la plage. 1873.

Marguerite de Conflans. *v.* 1875-77.

Madame Manet sur un canapé bleu.
v. 1874-78.

Stéphane Mallarmé. 1876.

La Blonde aux seins nus. *v.* 1878.

La Serveuse de bocks. *v.* 1878-79.

Georges Clemenceau. 1879.

Manet

Madame Emile Zola. *v.* 1879-80.

Docteur Materne. 1880.

L'asperge. 1880.

Le citron. 1880.

Œillets et clématite dans
un vase de cristal. *v.* 1882.

Manet

Olympia.

En 1865, un peu sur les instances de Baudelaire qui l'admirait, Manet se décida à exposer au Salon son **Olympia**; cette grande toile avait été peinte en 1863, l'année même où, présentant le **Déjeuner sur l'herbe,** Manet avait déchainé contre lui les critiques officiels et le public habitué du Salon. Pourtant l'**Olympia** peut être considérée comme un des tableaux les plus importants de l'artiste, situant définitivement son auteur en marge des courants académiques et à l'origine de la peinture moderne qui, avant le sujet, considère l'organisation picturale de la surface peinte.

Le thème s'inscrivait bien sûr dans la lignée des célèbres **Vénus** du Titien ou des **Majas** de Goya, mais le public de l'époque se gaussa du chat noir et de la servante noire, éléments insolites dans un tel sujet. Mais, plus que le sujet, c'est la manière de peindre qui scandalisait un public habitué aux surfaces porcelainées et aux tons suaves de la **Naissance de Vénus** de Cabanel, justement acquise par l'empereur Napoléon III.

Dans l'**Olympia**, les franches oppositions de tons, qui rappellent le découpage des formes dans les estampes japonaises que Manet admirait, la simplicité du modelé, la touche large et vigoureuse, allaient à l'encontre des principes enseignés par l'Académie; cet exemple pourtant allait servir de modèle à de jeunes artistes en réaction contre l'art officiel, les *impressionnistes.* Demeurée sans acquéreur dans l'atelier de l'artiste, l'**Olympia** fut acquise de la veuve de celui-ci en 1890, grâce à une souscription publique, organisée par Claude Monet, et offerte au Musée du Luxembourg.

Toujours grâce à Monet, soutenu par Clemenceau, l'**Olympia** fut enfin exposée en 1907 au Louvre, dans la Salle des Etats, en face de la **Grande odalisque** d'Ingres, symbole de la consécration officielle de Manet.

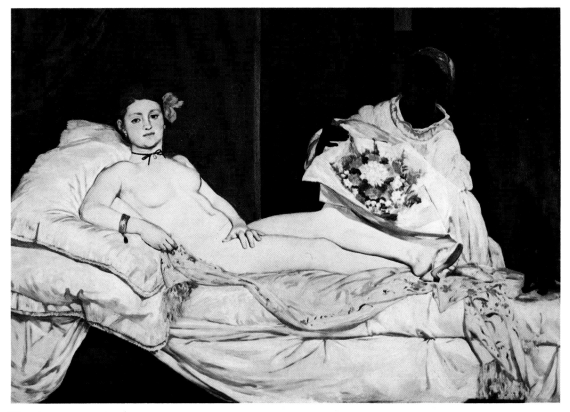

Olympia.

Monet

Claude
1840-1926

Coin d'atelier. 1861.

Trophée de chasse. 1862.

Nature morte. 1864.

Cour de ferme en Normandie. *v.* 1864.

Le Pavé de Chailly. 1865.

La charrette. Route sous la neige à Honfleur. *v.* 1867.

Né à Paris, il passe sa jeunesse au Havre, et est initié par Boudin à la peinture de plein air. A Paris, en 1859, il travaille à l'Académie Suisse et y rencontre Pissarro. En 1860, au Havre, il connaît Jongkind. Entré en 1862 à Paris à l'atelier Gleyre, il s'y lie d'amitié avec Renoir, Sisley, Bazille. Ensemble ils vont travailler sur nature dans la forêt de Fontainebleau. Monet expose pour la première fois au Salon de 1865. Jusqu'en 1870, il séjourne soit en Normandie, soit dans la région parisienne. Ses œuvres montrent à cette époque l'influence de Courbet et Manet mais, dès 1867, les **Femmes au Jardin** témoignent de recherches nouvelles et d'une évolution vers la peinture claire, en plein air. Pendant la guerre, il se rend avec Pissarro en Angleterre, y admire les œuvres de Turner, passe par la Hollande puis réside à Argenteuil de 1872 à 1878 ; Monet participe à la plupart des expositions du groupe et fait sa première exposition particulière en 1880. A Vétheuil (1878-1883), les études de lumière et d'atmosphère prennent une place de plus en plus importante et aboutissent, lors de la période de Giverny (1883 jusqu'à sa mort) aux célèbres *Séries* qui ne sont plus que de pures études de vibrations lumineuses (**Les Meules**, 1891, **Les Peupliers**, 1890-91, **Cathédrales de Rouen**, 1892-94, **les Nymphéas** dès 1899). Ses différents voyages

Fragment du
« Déjeuner
sur l'Herbe ».
v. 1865-66.

Jardin en fleurs. v. 1866.

Femmes au jardin. 1867.

Madame Gaudibert. 1868.

Grosse mer à Etretat. v. 1868.

Train dans la campagne. v. 1870-71.

Hôtel des Roches Noires,
Trouville. 1870.

en Normandie (Pourville 1882, Etretat, 1883 et 1885),
sur la Côte d'Azur (1884 et 1888), en Bretagne (Belle-Ile,
1886), en Angleterre (dès 1899), en Italie (Venise, 1908)
lui offrent des motifs d'atmosphère très différente.
Pendant la guerre, il entreprend à Giverny de nombreuses
et grandes études de **Nymphéas** en vue d'une décoration qu'il offre à l'Etat en 1922, mais à laquelle il tra-
vaillera jusqu'à sa mort. Les panneaux seront placés, selon
son désir, dans deux salles de l'Orangerie des Tuileries.
C'est en Monet que l'Impressionnisme a trouvé sa plus
complète expression.

Monet

Chasse-marée à l'ancre. *v.* 1871.

Madame Monet au canapé. *v.* 1871.

Zaandam. 1871.

Paysage. Vue de plaine à Argenteuil. 1872.

Carrières - Saint-Denis. 1872.

Argenteuil. 1872.

●□ Régates à Argenteuil. *v.* 1872.

Le Ruisseau de Robec. 1872.

Les Coquelicots. 1873.

La Seine à Argenteuil. 1873.

Le Repos sous les lilas. *v.* 1873.

Monet

Le Pont du chemin de fer
à Argenteuil. *v.* 1873.

Bateaux de plaisance. *v.* 1873.

Le déjeuner. *v.* 1873.

Le Pont d'Argenteuil. 1874.

Les Barques. Régates à Argenteuil. 1874.

Le bassin d'Argenteuil. 1875.

Les Tuileries. 1875.

Coin d'appartement. 1875.

La Gare Saint-Lazare. 1877.

Monet

Les Dindons. 1877.

Église de Vétheuil. 1879. .

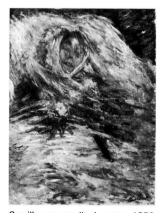

Camille sur son lit de mort. 1879.

Chrysanthèmes. 1878.

La Seine à Vétheuil.
Effet de soleil après la pluie. 1879.

Débâcle sur la Seine. 1880.

Eglise de Vétheuil. Neige. *v.* 1878-79.

Paysage - Vétheuil. 1879.

La Seine à Vétheuil. *v.* 1879-82.

Le Givre. 1880.

Monet

Etretat. 1883.

La Seine à Port-Villez. 1883.

Tempête, côtes de Belle-Ile. 1886.

Champs de tulipes en Hollande. 1886.

La barque à Giverny. *v.* 1887.

●□ Les Meules. 1891.

□ Femme à l'ombrelle
tournée vers la gauche. 1886.

Femme à l'ombrelle
tournée vers la droite. 1886.

Les Rochers de Belle-Ile. 1886.

La cathédrale de Rouen.
Le portail et la Tour Saint-Romain,
plein soleil. Harmonie bleue et or.
1894.

Monet

Harmonie bleue.

Un nouveau voyage à Londres en 1891 remet Monet en présence des œuvres de Turner... qu'il n'apprécie guère, mais qui le marque profondément. A son retour, il entreprend de nombreuses *séries* que s'arrachent les plus grands amateurs. Les **Meules** ou les **Peupliers** sont prétextes à refléter sur la toile la succession des instants visuels. Il écrivait à Geffroy «je pioche beaucoup, je m'entête à une série d'effets différents... plus je vais, plus je vois qu'il faut beaucoup travailler pour arriver à rendre ce que je cherche «l'instantanéité», surtout l'enveloppe, la même lumière répandue partout, et plus que jamais les choses faciles venues d'un jet me dégoûtent. Enfin je suis de plus en plus enragé du besoin de rendre ce que j'éprouve»...

En 1892 il s'installe devant la cathédrale de Rouen ; il peut à son aise remplir sa toile de ce décor qui se transformera sous son pinceau suivant les différentes heures et les différentes lumières. Tantôt le portail ou la Tour St-Romain rayonne d'un soleil vibrant avec de larges ombres bleues, tantôt il s'estompe dans une brume qui annonce la fin du jour, ne laissant à l'architecture qu'un rôle de support ou de reflet. Harmonie bleue, harmonie brune, ces **Cathédrales** présentent autant de diversité que s'il s'agissait de sujets différents.

Terminée en 1894 la série de vingt toiles représentant les **Cathédrales** est exposée l'année suivante chez Durand-Ruel où elle obtint un très vif succès. Le Comte Isaac de Camondo fit le choix de quatre d'entre elles qui vinrent au Louvre avec sa collection. En 1907 le Musée du Luxembourg avait fait l'acquisition d'une **Cathédrale**, dans une harmonie brune, seule peinture, avec **Femmes au jardin**, achetée par l'Etat du vivant de l'artiste.

Monet

La cathédrale de Rouen.
Le portail et la Tour
Saint-Romain, effet du matin.
Harmonie blanche. 1894.

● La cathédrale de Rouen.
Le portail, soleil matinal.
Harmonie bleue. 1894.

La cathédrale de Rouen.
Le portail, temps gris. 1894.

La cathédrale de Rouen.
Harmonie brune. 1894.

Le Mont Kolsaas en Norvège. 1895.

Bras de Seine près de Giverny. 1897.

Le Bassin aux Nymphéas.
Harmonie verte. 1899.

●□ Le Bassin aux Nymphéas.
Harmonie verte. 1899.

Vétheuil, soleil couchant. 1901.

Londres. Le Parlement. 1904.

Portrait de l'artiste. 1917.

Morisot
Berthe
1841-1895

La Chasse aux papillons. 1874.

● Le Berceau. 1872.

Dans les blés. 1875.

Jeune femme se poudrant.
1877.

Jeune femme
en toilette de bal. 1879.

Louise Riesener. 1888.

L'Hortensia. 1894.

Les enfants de
Gabriel Thomas. 1894.

Berthe Morisot manifesta de bonne heure des dons pour la peinture. Elle travailla avec Chocarne, puis avec le lyonnais Guichard, élève d'Ingres et de Delacroix. En 1860, elle peint en plein air avec Corot. Mais la rencontre de Manet au Louvre en 1868 où elle copiait les Rubens, devait avoir sur Berthe Morisot une grande influence. Après des vacances passées à Fécamp, où les familles Manet et Morisot se retrouvèrent, Berthe accepta d'épouser Eugène Manet, frère du peintre, au mois de décembre 1874. Pendant leurs fiançailles, Edouard Manet fit plusieurs portraits de sa future belle-sœur dont l'un, **Berthe Morisot à l'éventail** est entré au Louvre par la collection Moreau-Nélaton ; quelques années auparavant, Manet l'avait représentée dans **le Balcon.** En 1874 elle participe à la première exposition impressionniste et par la suite expose régulièrement avec le groupe. A partir de 1880 elle subit l'influence de Renoir, surtout sensible dans la richesse accrue de sa palette.

Morisot

Le Berceau.

Berthe Morisot fut la seule femme peintre qui participa avec Degas, Monet, Renoir, Sisley, Pissarro, Cézanne et Guillaumin à la première exposition de leurs œuvres chez Nadar. C'est là que fut montré pour la première fois **Le Berceau.**

Le sujet fut, dit-on, inspiré par sa sœur Edma Pontillon regardant son nouveau-né endormi. Berthe Morisot retrouvait souvent sa sœur à Maurecourt et c'est elle aussi qu'elle représente jouant avec ses enfants dans la **Chasse aux papillons,** du Jeu de Paume. La simplicité classique des œuvres de Berthe Morisot effarouchait moins le public et à la vente des œuvres impressionnistes en 1875, c'est elle qui obtient les meilleurs prix.

Le Berceau est une des plus grandes réussites de Berthe Morisot. Il révèle par un métier fin et délicat la sensibilité féminine, mais l'ordonnance, la composition ne font place à aucune mièvrerie. Tout est subtil et harmonieux. Le voile léger cerné de rose, contraste avec le blanc laiteux des draps légèrement bleutés par endroits. La tête de l'enfant endormi est à peine touchée par les tons colorés. L'ensemble est un véritable enchantement. Paul Valéry définissait ainsi l'artiste : « La singularité de Berthe Morisot fut de vivre sa peinture et de peindre sa vie, comme si ce lui fût une fonction naturelle et nécessaire ».

Le tableau resté dans la famille de la sœur de l'artiste fut acquis en 1930 par le Musée.

Le Berceau.

Pissarro

Camille
1830-1903

Paysage à Montmorency. *v.* 1859.

Bac à la Varenne-Saint-Hilaire. 1864.

La route de Louveciennes. 1870.

Le Chalet, la maison rose. 1870.

La Diligence à Louveciennes. 1870.

Paysage d'hiver à Louveciennes. *v.* 1870.

Venu faire ses études à Paris (1842-1847), il repart aux Antilles, se lie avec le peintre danois Fritz Melbye, et travaille au Vénézuela. Il revient à Paris en 1855 : courts séjours dans des ateliers, à l'Académie Suisse où il rencontre Claude Monet. Il peint en plein air, et subit l'influence de Delacroix, Courbet et surtout Corot.

Il expose au Salon des Refusés en 1863, et aux Salons officiels en 1864-65-66. Avant la guerre, il s'établit à Pontoise, puis à Louveciennes. En 1870, il se rend en Angleterre comme Monet. A son retour, il participe fidèlement à toutes les manifestations impressionnistes.

De nouveau installé à Pontoise, il y attire Cézanne qu'il initiera à la peinture en plein air et à une palette claire. Bientôt lui-même, à son tour, subira l'influence du maître d'Aix.

Contrairement à Claude Monet, il ne peindra que rarement l'eau et ses reflets mouvants. Il sera l'interprète de la terre, des paysages de la campagne. Installé définitivement à Eragny en 1884, il se rallie, sous l'influence de Seurat, au néo-impressionnisme (1886-88), puis revient à la technique de ses débuts. Fréquents voyages à la fin de sa vie et nombreuses vues de villes (Paris, Rouen...).

Pissarro

La moisson à Montfoucault.

C'est au cours d'un de ses séjours chez Ludovic Piette, dans son domaine de Montfoucault à Melleraye dans la Mayenne, que Pissarro exécuta **La Moisson** ainsi que d'autres études des champs qui environnaient la propriété de son ami.

Alors que Cézanne était en train de peindre à l'Estaque, c'est cependant son influence que subit ici Pissarro. Sa technique est large, puissante, les volumes sont obtenus par des masses aux ombres colorées. Les tons se superposent partant du plus sombre pour s'éclaircir à la surface. Le vert des buissons et de l'arbre devient ainsi dense et lumineux. Les quelques personnages, touchés de rouge et de bleu, sont mis là comme des contre-points pour harmoniser l'ensemble.

Pissarro s'intéressait cependant au portrait ; il fut l'un des rares paysagistes du groupe à introduire la figure humaine dans ses vues champêtres, paysans ou paysannes dans le genre de Millet occupés aux différents travaux journaliers, semeur ou laboureur peints cette même année à Montfoucault.

Pissarro eut le privilège d'être à l'origine d'une évolution chez des artistes de génie comme Cézanne et Seurat, puis ensuite de subir lui-même la transformation de ses idées initiales interprétées par un talent plus puissant que le sien.

La Moisson fut achetée presqu'aussitôt par Caillebotte, avec d'autres toiles peintes à Montfoucault, qui, elles furent refusées par l'Etat lors du legs fait par Caillebotte en 1894.

La moisson à Montfoucault.

Pissarro

Les coteaux du Vésinet. 1871.

Le lavoir, Pontoise. 1872.

La Route de Louveciennes, 1872.

Pontoise. 1872.

Entrée du village de Voisins. 1872.

Châtaigniers à Louveciennes. *v.* 1872.

Portrait de l'artiste. 1873.

Gelée blanche. 1873.

Route d'Ennery près Pontoise. 1874.

ysage, Pontoise. *v.* 1875.

● La Moisson à Montfoucault. 1876.

La Diligence, route d'Ennery
à l'Hermitage. 1877.

□ Les Toits rouges. 1877.

Chemin sous bois en été. 1877.

Potager et arbres en fleurs.
Printemps, Pontoise. 1877.

Un coin de jardin à l'Hermitage.
1877.

Bords de l'Oise, près de Pontoise,
temps gris. 1878.

Chemin montant
à travers champs. 1879.

Pissarro

Jardin potager à l'Hermitage. 1879.

Paysage à Chaponval. 1880.

La Brouette. v. 1881.

●□ Jeune fille à la baguette. 1881.

Femme étendant du linge. 1887.

Femme dans un clos. Eragny. 1887.

Femme au fichu vert. 1893.

Eglise de Knocke. 1894.

Effet de neige à Eragny. 1894.

Pissarro

Paysage à Eragny. 1895.

Port de Rouen, Saint-Sever. 1896.

Femme dans un verger. Eragny. 1897.

Le Lavoir de Bazincourt. 1900.

L'Eglise Saint-Jacques à Dieppe. 1901.

Dieppe, Bassin Duquesne. 1902.

Moret, canal du Loing. 1902.

La Seine et le Louvre. 1903.

Redon

Odilon
1840-1916

Madame Odilon Redon. 1882.

Le Pavot rouge.

Les Yeux Clos. 1890.

Fleurs.

Paul Gauguin. *v.* 1903-1905.

Après un passage éphémère dans l'atelier de Gérôme, Odilon Redon, qui partage son temps entre Bordeaux et Paris, subit fortement l'influence du graveur Rodolphe Bresdin ; celui-ci lui fait partager son admiration pour Rembrandt. Travaillant seul, Redon entretient pourtant des relations avec Chintreuil, Courbet, Corot, etc... Après la guerre de 1870 il s'installe à Paris et, sur les conseils de Fantin-Latour, exécute de nombreuses lithographies. Ayant exposé au Salon des Indépendants en 1884 il participe cependant à la huitième et dernière exposition impressionniste de 1886 avec Gauguin. Il expose chez Durand-Ruel et Vollard dès 1895 et fait de nombreux voyages en Belgique, Italie, Hollande, Espagne. Lié aux milieux symbolistes, à Mallarmé, à des musiciens comme Ernest Chausson, Redon exprime l'univers secret de l'Etre avec un sens très rare de la ligne et de la couleur.

Renoir
Pierre-Auguste
1841-1919

William Sisley. 1864.

Frédéric Bazille. 1867.

Madame Théodore Charpentier.
v. 1869.

Chalands sur la Seine. 1869.

Femme demi-nue couchée.
v. 1872.

La Seine à Argenteuil. *v.* 1873.

Après avoir fait des peintures sur porcelaine et désiré travailler à la Manufacture de Sèvres, Renoir est reçu à l'Ecole des Beaux-Arts en 1862 et entre à l'atelier Gleyre où il rencontre Sisley, Bazille et Claude Monet. Ensemble ils vont peindre en plein air dans la forêt de Fontainebleau. A partir de 1864 il expose presque chaque année au Salon. Il participe à la première exposition des Impressionnistes en 1874 ; mais il abandonnera plusieurs fois les expositions du groupe pour revenir au Salon officiel. Ses œuvres de début montrent l'influence de Diaz, celle, brève, de Courbet et surtout celle de Delacroix. A partir de 1872, sous l'influence de Monet, il adopte la tech-

nique impressionniste et l'applique à la traduction de figures en plein air : portraits isolés ou scènes à plusieurs personnages, qui expriment la joie de vivre. De deux voyages en Algérie (en 1881 et 1882) Renoir rapporte des toiles très colorées.
L'étude d'Ingres et un voyage en Italie (1881-82) qui lui révèle les œuvres de Raphaël et des Primitifs, l'amènent vers 1883 à un détachement de l'impressionnisme. C'est sa «période ingresque», caractérisée par un dessin précis, une facture sèche, une couleur aigre. Renoir se déplace beaucoup, séjournant sur la côte normande, à Guernesey, sur la Côte d'Azur (1883), à la Rochelle (1884). A partir

Madame Darras. *v.* 1873.

La liseuse. 1874.

Charles Le Cœur. 1874.

Portrait de femme dit
Madame Georges Hartmann.
1874.

Claude Monet. 1875.

Jeune femme à la voilette.
v. 1875.

Jeune femme assise dans
un jardin. *v.* 1875.

de 1885 l'artiste partage son temps entre Paris et Essoyes près de Troyes, village natal de sa femme.

Vers 1890, Renoir revient à une facture plus enveloppée. Renonçant aux sujets modernes, il peint surtout des portraits, des nus, et ces derniers vont prendre une place de plus en plus grande dans son œuvre. Vers 1892, il fait de nombreux voyages, tant en France qu'à l'étranger (Angleterre, Pays-Bas), puis en 1903 s'installe à Cagnes où il va vivre ses dernières années. Malgré la maladie et les souffrances il continue à peindre, produisant ces œuvres à dominante rouge, expression d'un lyrisme sensible dans toute son œuvre, mais qui s'épanouit dans sa dernière manière.

Renoir

Torse de femme au soleil.
v. 1876.

● Le Moulin de la Galette. 1876.

Bords de Seine à Champrosay. 1876.

Madame Alphonse Daudet.
1876.

La Balançoire. 1876.

●☐ Chemin montant dans les hautes
herbes. *v.* 1876-77.

Madame Georges Charpentier.
v. 1876-77.

●☐ Portrait de Margot. 1878.

Renoir

Le Moulin de la Galette.

Cette grande composition aurait, dit-on, été exécutée en plein air. Chaque soir Renoir rentrait sa toile dans un atelier qu'il avait loué près de là, rue Cortot. Il est probable que c'est une esquisse de plus petites dimensions que l'artiste transportait ainsi et dont il se servait pour peindre sa grande toile. Cette esquisse avec plusieurs variantes, se trouve actuellement dans la collection John Hay Whitney à New York.

Renoir a été séduit par le lieu champêtre du Moulin de la Galette situé sur la butte Montmartre, au milieu de la luzerne. Le dimanche on y dansait à partir de trois heures jusqu'à la nuit en mangeant des galettes. Les peintres venaient y chercher des modèles parmi les fillettes du quartier qui, nous dit Rivière «échappées du logis maternel viennent en cachette danser une polka ou montrer leur robe d'été».

Renoir a fait poser ses amis «Estelle, la sœur de Jeanne qu'on voit au premier plan sur le banc, Lamy, Norbert Goeneutte le peintre Georges Rivière assis à une table, Gervex, Cordey, Lestringuez, Lhote se retrouvent parmi les danseurs. Au milieu du tableau, un peintre qui venait de Cuba, en pantalon «Merd'oye» danse avec Margot».

Tout le charme de cette composition est dans le jeu de la lumière qui éclaire ou assombrit les visages suivant son infiltration à travers le mince feuillage des arbres. Ce papillotement, ce miroitement de couleurs et d'ombres crée une atmosphère de vie intense, de joie et de jeunesse.

Caillebotte avait acheté le tableau à l'exposition de 1877 surtout pour venir en aide à Renoir. Vollard nous raconte qu'à la mort de Caillebotte, suivant le désir exprimé par ce dernier, Renoir pouvait prendre un tableau de sa collection. A ce moment-là, Renoir qui avait appris qu'un amateur était disposé à donner 50.000 F pour le **Moulin de la Galette** choisit celui-ci. Mais la famille de Caillebotte refusa de donner un tableau des plus importants parmi ceux qui devaient aller au Musée du Luxembourg. Renoir choisit alors un Degas.

Le Moulin de la Galette.

Renoir

Madame Paul Bérard. 1879.

Portrait de l'Artiste. 1879.

Alphonsine Fournaise. 1879.

Portrait de femme. 1880.

Pont du chemin de fer à Chatou. 1881.

Richard Wagner. 1882.

Paysage algérien. 1881.

Fête arabe à Alger. 1881.

Champ de bananiers. 1881.

La Danse à la ville. 1883.

Marine. Guernesey. 1883.

Glaïeuls. v. 1885.

Nature-Morte.

Femme au puits.

Jeune femme nue en buste.
v. 1886.

Roses mousseuses. v. 1890.

Roses dans un vase.
v. 1890.

Jeunes filles au piano. 1892.

Renoir

La liseuse verte. *v.* 1894.

Nu. *v.* 1895.

Madame Gaston Bernheim
de Villers. 1901.

●□ Ode aux fleurs.
v. 1903-09.

La toilette ; femme se peignant.
v. 1907-08.

Fillette au chapeau de paille.
v. 1908.

Nu couché, vu de dos. *v.* 1909.

Jeune fille assise. 1909.

Monsieur et Madame
Bernheim de Villers. 1910.

Renoir

Geneviève Bernheim de Villers. 1910.

Gabrielle à la rose. 1911.

Jeune femme à la rose. 1913.

Réunion dans un jardin. *v.* 1911-15.

La liseuse blanche. *v.* 1915-16.

Odalisque dormant. *v.* 1915-17.

● Les Baigneuses. *v.* 1918-19.

Paysage.

Jugement de Pâris. 1914.

Renoir

Les Baigneuses.

Renoir, à la fin de sa vie, colore de plus en plus ses toiles en employant un rouge chaud légèrement violacé. Retiré à Cagnes, dans la villa des Collettes, Renoir, perclus de rhumatismes, paralysé, s'acharne passionnément au travail. Il entreprend quelques grandes compositions, comme ces **Baigneuses.** Il ne projetait pas directement son sujet sur la toile, mais faisait de petites études préalables qu'il dessinait à la sanguine. Ensuite, il décalquait la composition sur la toile en utilisant un pastel brun-rouge.

Ces baigneuses sont les femmes de Rubens transportées dans la luxuriance des jardins méridionaux ; elles s'intègrent à la végétation, et comme elle, gorgées de soleil, s'épanouissent, s'étalent et irradient de chaleur et de vie. Renoir, qui sent la vie diminuer en lui, ses infirmités restreindre son activité, passe tout son désir de puissance et de vitalité vaincu dans sa peinture. Cette violence d'un lyrisme qui semble joyeux et qui se traduit par une exaltation de la couleur s'apparente au lyrisme désespéré de Van Gogh. « C'est maintenant », disait Renoir, « que je n'ai plus ni bras ni jambes que j'aimerais peindre de grandes toiles. Je ne rêve que de Véronèse, de **Noces de Cana**, quelle misère. » C'est ce tableau du grand maître vénitien qu'il vint revoir au Louvre dans son fauteuil roulant, peu de temps avant sa mort.

Le tableau se trouvait dans l'atelier des Collettes à Cagnes à la mort de Renoir. Les fils du peintre l'offrirent au Louvre en 1923 refusant une offre très alléchante du collectionneur américain Barnes.

La tableau fut exposé d'abord au Musée du Luxembourg (le musée d'art moderne de l'époque) avant d'être exposé au Louvre en 1929.

Les Baigneuses

Rousseau

Henri, dit le Douanier Rousseau
1844-1910

● La Guerre. 1894.

Portrait de femme.
v. 1895-97.

□ La Charmeuse de serpents. 1907.

Son père était ferblantier à Laval. Entre 18 et 23 ans il prit peut-être part, comme musicien, à la campagne du Mexique. En 1870 il fit la guerre comme sergent ; après la défaite il devint pendant treize ans employé à l'octroi de Paris. Il prit sa retraite à quarante ans et se mit à peindre tout en exerçant pour vivre quelques petits métiers : copiste d'actes civils, inspecteur de la vente du *Petit Parisien*, boutiquier, professeur de dessin et de solfège. Il se maria deux fois. Il exposa aux Indépendants, au Salon d'Automne ; sa peinture intéressa Pissarro et Gauguin, amusa Jarry et passionna Apollinaire. Ses amis et ses admirateurs, qu'il réunissait fréquemment chez lui, organi-sèrent en son honneur un grand banquet. Il mourut le 2 septembre 1910 à l'hôpital Necker.

Peintre du dimanche, de la banlieue et du peuple de Paris, il est aussi peintre d'allégories et d'un Mexique que son imagination transfigure. Son métier, naïf et pourtant d'une étonnante audace, unit à une couleur raffinée le rythme monumental des grands décorateurs.

Rousseau

La guerre.

En 1893, Henri Rousseau, employé à l'octroi de Paris, prit sa retraite et décida de se consacrer exclusivement à la peinture. A cette date il avait déjà exposé au Salon des Indépendants : l'exubérance et la sincérité de ses toiles avaient d'ailleurs étonné Pissarro qui les admirait. Rousseau pourtant n'avait aucun lien avec l'Impressionnisme et plaçait au contraire parmi ses modèles le très officiel Gérôme. Totalement autodidacte, il sut pourtant s'inventer une technique à la mesure de ses aspirations. La **Guerre** ou la **Chevauchée de la Discorde** fut exposée au Salon des Indépendants en 1894 ; le livret du Salon la cataloguait ainsi : «La guerre (elle passe effrayante, laissant partout le désespoir, les pleurs et la ruine)». En 1895 Rémy de Gourmont fit paraître dans sa revue «l'Ymagier» la seule lithographie connue du Douanier Rousseau de même thème et composition que la peinture.

Les éléments de la représentation, le cheval, l'amoncellement des corps dans une lumière d'aube étrange sont décrits avec une précision hallucinante ; pourtant cette allégorie funèbre est transfigurée par la beauté des couleurs et l'on est frappé avant tout par l'extraordinaire imagination qui a inspiré cette toile. La vision ingénue de l'artiste est en fait fortement marquée par un processus mental conscient qui seul pouvait imposer ces formes sûres. En cela le Douanier Rousseau s'inscrit parmi les artistes qui, dans les dernières années du XIXᵉ siècle, ouvraient la voie à des spéculations esthétiques nouvelles, affirmant la liberté pour l'artiste de créer des formes. C'est ainsi que Gauguin ou plus tard Picasso comprirent son art et l'apprécièrent. Rousseau est un grand maître qui se plie difficilement à une définition précise. Le mystère de ses œuvres fait écho au mystère de son originalité.

La Guerre.

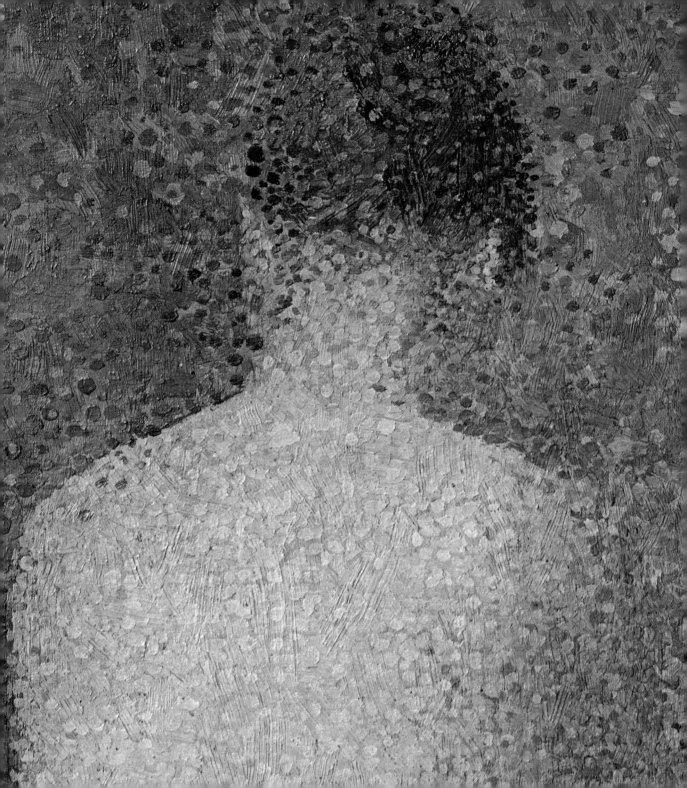

Seurat

Georges-Pierre
1859-1891

Lisière de bois au printemps. *v.* 1882-83.

Etude pour
« Une Baignade à Asnières ». 1883.

Etude pour « Un Dimanche après-midi
à l'île de la Grande-Jatte ». 1884.

Etude pour « Un Dimanche après-midi
à l'île de la Grande-Jatte ». 1884.

Paysage rose. *v.* 1882-84.

(CES ŒUVRES SONT EXPOSÉES AVEC LE POST-IMPRESSIONISME, AU PALAIS DE TOKYO).

Seurat, par ses années d'études aux Beaux-Arts s'était fortement pénétré de la culture classique et de l'exemple d'Ingres dont son maître Lehmann était lui-même l'élève. Parallèlement il s'était intéressé aux principes de Delacroix concernant l'harmonie des couleurs et avait étudié les théories scientifiques de physiciens comme Chevreul à propos de la lumière. C'est ce qui l'amena à réduire sa palette à quatre couleurs fondamentales, bleu, rouge, jaune, vert et leurs tons intermédiaires ; le peintre ne mélangeait pas directement ces teintes entre elles, mais juxtaposait de petites taches de couleur pure ; le mélange se recomposait optiquement dans l'œil du spectateur.

Seurat appela ce procédé *divisionnisme*.
En 1884, **La Baignade** (Londres, National Gallery), son premier grand tableau est refusé au Salon ; il fonde alors avec Signac et Redon la Société des Indépendants. Il devient le chef du groupe néo-impressionniste qui réunit Signac, Cross, un moment Pissarro, Luce, etc.
En 1886, c'est l'admirable **Un Dimanche après-midi à l'Ile de la Grande-Jatte** (Chicago, Art Institute) qui, exposé à la huitième et dernière exposition impressionniste, excite les sarcasmes des critiques.
Seurat mourut prématurément, laissant inachevée sa toile exposée au Salon des Indépendants, **le Cirque**.

Seurat

Le Cirque.

C'est le jeu des contrastes qui a retenu l'attention de Seurat dans cette scène dont il fit plusieurs études au Cirque Fernando. Il oppose, en effet, les lignes courbes de la piste, le mouvement du cheval et de l'écuyère, à la stabilité verticale des spectateurs. Il oppose également, la couleur rouge du clown, qui coupe la composition au premier plan, à son ombre bleutée qui s'éparpille et se confond peu à peu dans le jaune orangé de la piste. Seurat a mis ici en application ses théories sur la fragmentation méthodique de la touche (divisionnisme et pointillisme). Il substitue le mélange optique au mélange des pigments ce qui a pour effet de créer une bien plus grande luminosité.

Seurat, avant de peindre ses grandes compositions, faisait de nombreux croquis sur nature appelés **croquetons,** qui lui permettaient de travailler ensuite dans l'atelier. Il existe une petite esquisse du **Cirque,** (R.F. 1937-123).

Le tableau est resté inachevé, Signac évoquait la mort du peintre ayant au-dessus de lui « comme une apparition lumineuse, son **Cirque,** son rêve de couleurs, qui devait lui apparaître dans son agonie ». Le tableau devait cependant au moment de sa mort, être exposé au Salon des Indépendants.

Signac acheta le **Cirque** en 1900. Il passa ensuite dans la collection de John Quinn. Désolé de voir partir encore une œuvre de Seurat à l'étranger, Signac suggéra au collectionneur de la donner après sa mort au Louvre. Le **Cirque** fut ainsi légué au Louvre en 1927.

Le Cirque

Seurat

Poseuse de profil. 1887.

Poseuse de face. 1887.

●□ Poseuse de dos. 1887.

Port-en-Bessin,
avant-port, marée haute. 1888.

● Le Cirque. 1891.

Esquisse pour
« Le Cirque ». 1891.

Signac

Paul
1863-1935

Bords de rivière.
La Seine à Herblay. 1889.

Faubourg de Paris. 1883.

La voile verte, Venise. 1904.

La bouée rouge. 1895.

Femme sous la lampe. 1890.

(CES ŒUVRES SONT EXPOSÉES AVEC LE POST-IMPRESSIONISME, AU PALAIS DE TOKYO).

Paul Signac se lia très tôt avec les Impressionnistes, mais il n'hésita pas, dès les premières réalisations de Seurat, à prendre parti pour ce nouveau mouvement qui semblait alors révolutionnaire. Il y amena Pissarro, qu'il avait connu en 1885 chez Guillaumin.

Les théories néo-impressionnistes étaient faites pour séduire Signac, grand admirateur de la mer. Jamais, peut-être, ne furent évoquées avec plus de sensibilité, la densité des eaux calmes et la réalité des effets lumineux.

Signac, très désireux de garder des documents de ses différents voyages, fit de nombreux croquis aquarellés, d'une touche vibrante et rapide.

Sisley
Alfred
1839-1899

Le Héron aux ailes déployées.
v. 1865-67.

Vue du Canal Saint-Martin. 1870.

Le Repos au bord du ruisseau. 1872.

Passerelle d'Argenteuil. 1872.

Le Canal Saint-Martin. 1872.

Rue de la Chaussée à Argenteuil. 1872.

De nationalité anglaise, Sisley, fixé en France avec ses parents, ne put se faire naturaliser français malgré son désir. En 1862 il fréquente l'atelier de Gleyre où il rencontre Monet, Renoir et Bazille. Ses premières œuvres sont influencées par Corot, Courbet et Daubigny. Il travaille à Marlotte (1866), séjourne à Honfleur (1867), puis à Bougival et Louveciennes. A partir de 1870, il subit l'influence de Monet, devient le peintre des sites de l'Ile-de-France (Voisins, Marly). Après un voyage en Angleterre, il est à Sèvres de 1875 à 1879 et il se fixe définitivement à Moret en 1882. Il participe aux expositions impressionnistes de 1874-76-77-82, est refusé au Salon de 1879. Durand-Ruel lui consacre une exposition particulière en 1883. En 1894, voyage à Rouen, et, en 1897, court séjour en Angleterre.

De tous les Impressionnistes, il fut le plus malheureux et jusqu'à la fin vécut dédaigné ou ignoré du public. Il ne connut pas le succès qui se manifesta seulement quelques semaines après sa mort, grâce, peut-être, aux articles publiés par Gustave Geffroy.

Sisley

L'Ile Saint-Denis. 1872.

L'Ile de la Grande-Jatte. 1873.

La Seine à Bougival. 1873.

Bateaux à l'écluse de Bougival. 1873.

La route, vue du chemin de Sèvres. 1873.

Louveciennes. Hauteurs de Marly. v. 1873.

Les Régates à Molesey. 1874.

Le Brouillard. 1874.

Village de Voisins. 1874.

La neige à Marly-le-Roi. 1875.

La forge à Marly-le-Roi. 1875.

La route de Versailles. 1875.

● La barque pendant l'inondation à Port-Marly. 1876.

L'Inondation à Port-Marly. 1876.

Sous la neige. Cour de ferme à Marly-le-Roi. 1876.

●□ La Seine à Suresnes. 1877.

Route de Louveciennes. v. 1877-78.

Sisley

La barque pendant l'inondation à Port-Marly.

Sisley, de nationalité anglaise, était fixé à Paris avec ses parents. C'est dans l'atelier de Gleyre qu'il rencontra Monet, Renoir et Bazille et sous leur influence se dégagea peu à peu de l'empreinte de Corot, Courbet et Daubigny. A son retour d'Angleterre, il travaille à Louveciennes et à Marly et cherche comme ses amis impressionnistes à représenter les choses dans leur ambiance en leur donnant l'impression de la vie. Il s'expliquait sur la conception de son œuvre à Tavernier, qui posséda une version de ce tableau qui est entrée avec celui-ci au Louvre par la collection Camondo. « Le sujet, le motif doit toujours être rendu d'une façon simple, compréhensible, saisissante pour le spectateur. Celui-ci doit être amené, par l'élimination des détails superflus, à suivre le chemin que le peintre lui indique et voir tout d'abord ce qui a empoigné l'exécutant. Il y a toujours dans une toile un coin animé, c'est un des charmes de Corot et aussi de Jongkind. Après le sujet une des qualités les plus intéressantes du paysage, c'est le mouvement, la vie. C'est aussi une des plus difficiles à réaliser... Tout doit y contribuer : la forme, la couleur, la facture. C'est l'émotion de l'exécutant qui donne la vie et c'est cette émotion qui éveille cela des spectateurs ».

Le motif de l'eau paisible a tenté tous les impressionnistes et en particulier Sisley. Il allie dans ce tableau la technique et la couleur de Corot, dans les murs légèrement rosés de la maison et des arbres, à celle de Monet, dans les reflets de l'eau, marqués par des touches larges qui se superposent et créent l'impression de vibration.

Sisley fut le plus malheureux du groupe. Il fut longtemps incompris et dédaigné, c'est un article de Geffroy publié après sa mort qui attira l'attention sur lui.

Sisley

La neige à Louveciennes. 1878.

Printemps pluvieux aux environs de Paris. 1879.

Temps de neige à Veneux-Nadon. *v.* 1880.

Lisière de forêt au printemps. 1880.

La Seine, vue des côteaux de By. *v.* 1881.

Un coin de bois aux Sablons. *v.* 1883.

Cour de ferme à Saint-Mammès. 1884.

Canal du Loing. 1884.

Saint-Mammès. 1885.

Trembles et acacias. 1889.

Moret, bords du Loing. 1892.

Le canal du Loing. 1892.

Pont de Moret. 1893.

Toulouse-Lautrec

Henri de
1864-1901

Henry Samary. 1889.

Femme se coiffant. 1891.

Justine Dieuhl. 1891.

La Femme aux gants. 1891.

La Femme au boa noir. 1892.

●□ Le lit, v. 1892.

Descendant direct des comtes de Toulouse, d'une très grande famille où les originaux et les artistes n'étaient pas rares, Toulouse-Lautrec, vers sa quinzième année, se brisa successivement les deux jambes et resta infirme. Elève de Princeteau, admirateur de John-Lewis Brown, il débute par de brillantes études de chevaux et aussi des scènes rustiques. Mais l'influence de Degas l'oriente vers la vie contemporaine qu'il observait surtout dans le milieu de fête et de vie nocturne où il se réfugiait, cependant que les estampes japonaises lui révélaient les beautés de l'arabesque et de la ligne souple et condensée qu'il recherche dans ses tableaux, ses gravures et ses affiches.

En 1886, dans l'atelier de Cormon, Toulouse-Lautrec fait la connaissance d'un jeune peintre arrivé depuis peu à Paris, Vincent Van Gogh, et pendant quelques mois les deux artistes s'influencent mutuellement. La santé ruinée par l'alcool, interné quelques mois en 1899, Toulouse-Lautrec ne sort de la maison de santé de Neuilly-sur-Seine que pour aller mourir en 1901 au château familial de Malromé.

Toulouse-Lautrec

Jane Avril dansant.

C'est au cours d'une soirée au Moulin-Rouge en 1892 que Toulouse-Lautrec fixa en quelques traits la silhouette étrange de Jane Avril, danseuse devenue célèbre sous le nom de « la Mélinite » ; au second plan, de profil, une femme et Monsieur Warner, imprésario qui servit aussi de modèle pour une lithographie célèbre de l'artiste, **L'Anglais au Moulin-Rouge** (1892). Toulouse-Lautrec admirait la grâce de Jane Avril, vêtue avec une élégance raffinée, mince, au visage empreint de mélancolie qui contrastait avec le vulgaire tapageur de la Goulue, immortalisée aussi par l'artiste.

L'art de Toulouse-Lautrec doit beaucoup à Degas, autant par le choix des thèmes pris au théâtre et au café-concert que par sa conception profonde. C'est grâce à Degas que Lautrec découvrit les possibilités enseignées par les estampes japonaises. Paradoxalement, c'est dans l'atelier du plus académique des peintres, Cormon, que Lautrec, en y rencontrant Emile Bernard, avait trouvé sa voie ; là aussi il fit connaissance, en 1886, d'un jeune artiste récemment arrivé à Paris, Van Gogh, et pendant quelques mois les deux artistes s'influencèrent réciproquement. Dès lors, au-delà de l'expérience impressionniste, Lautrec développa un style très personnel d'un graphisme nerveux et incisif, souvent à la limite de la caricature dans ses portraits. L'audace de ses partis esthétiques se retrouve d'ailleurs dans ses lithographies ; en ce domaine il peut être considéré comme un précurseur et son influence révolutionna l'art de l'affiche.

Jane Avril dansant.

Toulouse-Lautrec

● Jane Avril
dansant. *v.* 1892.

Femme tirant son bas. *v.* 1894.

Femme de maison blonde.
1894.

Panneaux pour la baraque
de la Goulue, à la Foire du Trône
à Paris. 1895.

La Danse Mauresque
ou les Almées.

La clownesse Cha-U-Kao. 1895.

Femme de profil. 1896.

La Danse au Moulin Rouge
(La Goulue
et Valentin le Désossé).

●□ La toilette. 1896.

Paul Leclercq. 1897.

Louis Bouglé. 1898.

Van Gogh

Vincent
1853-1890

Fritillaires couronne impériale
dans un vase de cuivre. 1886.

La guinguette. 1886.

Tête de paysanne
hollandaise. 1884.

Le Restaurant de la Sirène. 1887.

L'Italienne. 1887.

Autoportrait. 1887.

Fils d'un pasteur hollandais, après des études sommaires de théologie, il partit comme pasteur dans le Borinage belge (1877-78), après avoir été employé chez le marchand de tableaux Goupil à la Haye puis à Londres et à Paris (1869-76). Mais dès 1880 il trouve dans la peinture sa véritable vocation. Dans ses œuvres hollandaises il cherche par ses tons sombres, sa touche lourde, à rendre l'atmosphère oppressante des paysans et des tisserands qu'il tentait d'évangéliser (Epoque de Nuenen, **Les Mangeurs de pommes de terre,** 1885). Il arrive à Paris en 1886, rejoignant son frère Théo qui le soutient matériellement et moralement ; c'est la rencontre avec l'impressionnisme et l'esthétique des estampes japonaises. En 1888 il quitte Paris pour Arles et appelle auprès de lui Gauguin ; la cohabitation des deux artistes se révèle vite impossible et à la suite d'une querelle dont on connaît mal les détails, Vincent, dans une crise de démence, se mutile l'oreille ; sur sa demande il est admis à l'Hospice de Saint-Rémy-de-Provence au printemps de l'année 1889 ; un an plus tard il quitte Saint-Rémy pour Auvers-sur-Oise où résidait le Dr Gachet, spécialiste de maladies nerveuses et ami des impressionnistes. Le 27 juillet 1890 Vincent tente de se suicider et meurt deux jours plus tard des suites de sa blessure.

Van Gogh

Les Roulottes. 1888.

Eugène Boch. 1888.

●□ L'Arlésienne. 1888.

La salle de danse à Arles. 1888.

●□ Portrait de l'artiste. 1889.

La chambre de Van Gogh à Arles. 1889.

Hôpital Saint-Jean à Saint-Rémy. 1889.

□ La Méridienne, d'après Millet. 1889-90.

Van Gogh

Le jardin du Dr Gachet
à Auvers-sur-Oise. 1890.

Le Docteur Paul Gachet. 1890.

Mademoiselle Gachet
dans son jardin. 1890.

● L'Eglise d'Auvers-sur-Oise.
1890.

Roses et anémones. 1890.

Deux fillettes. 1890.

Chaumes de Cordeville. 1890.

Van Gogh

L'église d'Auvers.

Le 16 mai 1890, Van Gogh, quitte l'hospice de Saint-Rémy, passe chez son frère à Paris avant de se rendre à Auvers-sur-Oise. Il s'installe à l'auberge Saint-Aubin, puis au café Ravoux. Il est reçu plusieurs fois par semaine à la table du Docteur Gachet qui apprécie sa peinture et l'initie à l'estampe. Van Gogh représentera plusieurs fois le jardin de son hôte, il en fera le portrait, ainsi que celui de sa fille jouant du piano (Musée de Bâle).

Le paysage plaît à Van Gogh. «Auvers est décidément fort beau, dit-il ; je trouve presqu'aussi jolies les villas modernes et les maisons de campagne bourgeoises que les vieux chaumes, qui tombent en ruines». C'est de la pleine campagne caractéristique et pittoresque. Et il décrit en juin 1890 à sa sœur le tableau qu'il vient de peindre représentant l'église du village — «un effet où le bâtiment paraît violacé contre un ciel d'un bleu profond et simple, de cobalt pur, les fenêtres à vitraux paraissent comme des taches bleu d'outremer, le toit est violet et en partie orangé. Sur l'avant-plan un peu de verdure fleurie et du sable ensoleillé rose. C'est encore presque la même chose que les études que je fis à Nuenen de la vieille tour et du cimetière, seulement à présent la couleur est probablement plus expressive, plus somptueuse». Van Gogh a posé son chevalet derrière l'église dont on voit l'abside. Elle fut restaurée en 1891, c'est-à-dire un an après la mort du peintre.

Ce tableau appartenait au Docteur Gachet et passa ensuite à son fils Paul. Il fut acquis par le Musée du Louvre grâce à son concours et à celui d'une donation anonyme canadienne en 1951.

L'église d'Auvers

Panneaux documentaires 1. Techniques

Dans la salle documentaire se trouvent des panneaux didactiques comportant à droite, des détails d'œuvres présentées en ektachromes éclairés, et à gauche des reproductions de tableaux qui permettent à l'aide de textes appropriés de suivre l'évolution de la technique impressionniste.

Panneau I

Dès leurs premières recherches, les Impressionnistes ont un but commun: peindre en plein air. Par là ils sont amenés à rechercher les tons clairs et vifs pour rendre l'impression de la pleine lumière.

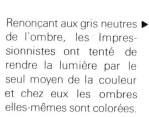

◄ Manet, le premier, renonça aux teintes terreuses des Romantiques et simplifia sa palette pour la ramener à quelques couleurs franches.

1

Renonçant aux gris neutres ► de l'ombre, les Impressionnistes ont tenté de rendre la lumière par le seul moyen de la couleur et chez eux les ombres elles-mêmes sont colorées.

2

3

◄ En peignant les reflets dans l'eau mouvante, ils ont été amenés à fragmenter les touches de leur pinceau.

Panneau II

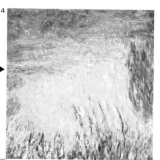

4

Fragmentant de plus en ► plus les touches ils sont arrivés à donner l'impression d'une vibration colorée où l'on ne distingue plus les formes.

5

Le contour et le modelé dans leurs tableaux s'évanouissent dans une vibration colorée.
▼

▲
La confrontation de l'**église de Gréville** de Millet et de **l'église de Vétheuil** de ► Monet fait apparaître la nouveauté de cette expression des valeurs lumineuses qui tend à supprimer tout ce qui traduit les formes.

6

7

◄ La fragmentation de la touche les conduit à diviser le ton et à tenter de recomposer les couleurs par la juxtaposition de touches de tons purs dont le mélange optique donne une impression de vibration traduisant mieux la sensation de lumière.

Panneau III

Tenant compte de ces ▶ découvertes, les Impressionnistes tentent d'utiliser des couleurs pures au lieu de les mêler sur la palette.

◀ La lecture du livre de Chevreul (1839) donne à Seurat l'idée de réaliser méthodiquement ce que les Impressionnistes avaient fait d'instinct. On a appelé sa méthode le divisionnisme ou néo-impressionnisme.

Panneau IV

Dans ces recherches, ils retrouvent empiriquement certaines lois de la théorie des couleurs dont Newton jeta les premières bases en décomposant la lumière solaire (lumière blanche) en ses composantes spectrales et la reconstituant par mélange additif des couleurs spectrales. De nombreuses études expérimentales ont en effet montré que :

1 — Toute couleur peut être reproduite par mélange, de deux ou trois couleurs « primaires composantes ».

En peinture : le mélange réalisé par petites taches de couleur juxtaposées et vues à grande distance (addition) donne souvent des couleurs plus vives que le mélange sur la palette.

2 — Toute couleur tend à colorer de sa complémentaire l'espace avoisinant : loi du contraste simultané.

(Deux couleurs sont complémentaires si, prises en quantité convenable et mélangées par addition, elles donnent une sensation de gris léger).

Conséquence : — si deux tons contiennent une couleur commune, celle-ci s'atténue par la juxtaposition ;

— deux complémentaires juxtaposées s'exaltent.

1. Manet : Lola de Valence
2. Renoir : Le Moulin de la Galette
3. Monet : Régates à Argenteuil
4. Monet : Nymphéas
5. Millet : Eglise de Gréville
6. Monet : Eglise de Vétheuil
7. Sisley : Le Canal du Loing
8. Pissarro : La Moisson à Montfoucault
9. Seurat : Le Cirque

Précurseurs et influences

Dès le début du XIXe siècle en Angleterre et plus tard en France, le paysage se dégage de la conception intellectuelle de l'école classique, pour se vouer à la plus subtile traduction de la lumière.

« L'ennemi de toute peinture est le gris. Dans la nature tout est reflet. »
DELACROIX 1798-1863

« Le beau dans l'art, c'est la vérité baignée dans l'impression que nous avons reçue à l'aspect de la nature. »
COROT 1796-1875

Vers 1860, dans la région du Havre, le Hollandais Jongkind et Eugène Boudin préparent directement l'impressionnisme par leurs études au bord de la mer. « Trois coups de pinceau d'après nature valent mieux que deux jours de travail au chevalet. »
BOUDIN 1824-1898

Vers le milieu du siècle, l'introduction en France des estampes japonaises apporte aux jeunes artistes une vision nouvelle des choses qui les incite à rompre avec les traditions.

« Ce que nous avons surtout apprécié c'est une façon hardie de couper les sujets. Ces gens-là nous ont appris à composer différemment, cela est hors de doute. »
MONET 1840-1926

En 1870 à Londres, Monet et Pissarro sont vivement impressionnés par les œuvres du paysagiste Turner, dans lesquelles ils retrouvent les recherches d'atmosphère et de lumière auxquelles ils se sont déjà consacrés : « le soleil est dieu. »
TURNER 1775-1851

Formation du groupe

Vers 1862 Renoir, Sisley, Monet et Bazille, Cézanne et Pissarro se rencontrent dans des ateliers parisiens, l'atelier Gleyre et l'Académie Suisse.

1863 - Le scandale du **Déjeuner sur l'herbe** au Salon des Refusés amène ces jeunes gens à se grouper autour de Manet.

Vers 1866 - Au café Guerbois des réunions de peintres et écrivains naturalistes favorisent une pénétration réciproque des idées nouvelles.

Dispersion

PARIS
MANET
DEGAS

MONET 1883

1881 SISLEY

GIVERNY

PISSARRO 1884

MORET

ÉRAGNY

VAN GOGH 1888

CÉZANNE 1878

1891 GAUGUIN

1899 RENOIR

TAHITI

ARLES

CAGNES

AIX-EN-PROVENCE

Epanouissement

A partir de 1872 les impressionnistes restent groupés autour de Paris, c'est l'époque dite d'Argenteuil, qui marque le plein épanouissement de l'art impressionniste.

Ils exposent pour la première fois chez le photographe Nadar en 1874. Le titre d'un tableau de Monet «Impression, soleil levant» leur fait donner le nom d'impressionnistes. Ils tiennent sept autres expositions en 1876, 1877, 1879, 1880, 1881, 1882, 1886.

Réactions

1886 - le «néo-Impressionnisme» de Seurat suivi par Pissarro jusqu'en 1888, tente d'organiser scientifiquement l'Impressionnisme.

1889 - le «Symbolisme» marque une réaction intellectuelle qui s'affirme lors de l'exposition de Gauguin, Emile Bernard, Schuffenecker, au café Volpini.

Au XXᵉ siècle, deux nouvelles formes d'art accentuent la réaction contre l'Impressionnisme.

1905 - le «Fauvisme» marqué par Van Gogh et Gauguin néglige la vision

exacte au profit de la force expressive.

1908 - le «Cubisme» qui se recommande de Cézanne, renonce à la nature pour des constructions abstraites de lignes et de couleurs.

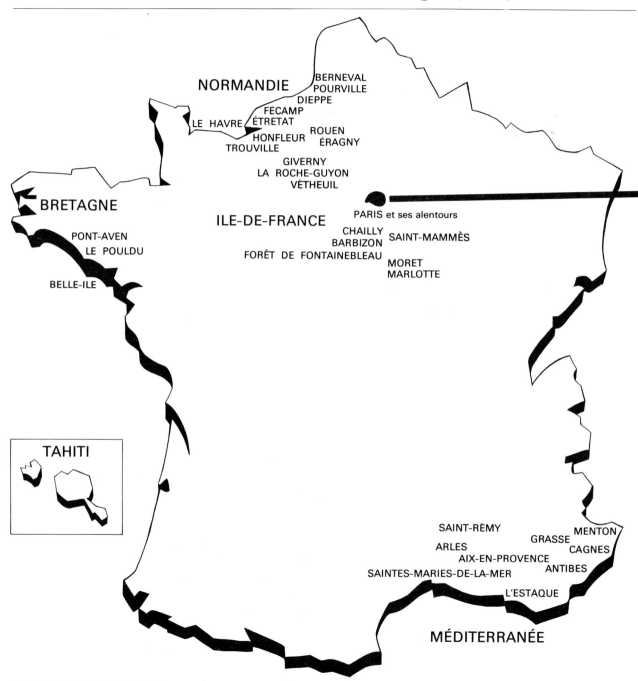

NORMANDIE

BERNEVAL
POURVILLE
DIEPPE
FÉCAMP
ÉTRETAT
LE HAVRE
ROUEN
HONFLEUR
TROUVILLE
ÉRAGNY

GIVERNY
LA ROCHE-GUYON
VÉTHEUIL

BRETAGNE

ILE-DE-FRANCE

PARIS et ses alentours

PONT-AVEN
LE POULDU

CHAILLY
BARBIZON
SAINT-MAMMÈS

FORÊT DE FONTAINEBLEAU

BELLE-ILE

MORET
MARLOTTE

TAHITI

SAINT-RÉMY
MENTON
GRASSE
ARLES
CAGNES
AIX-EN-PROVENCE
ANTIBES
SAINTES-MARIES-DE-LA-MER
L'ESTAQUE

MÉDITERRANÉE

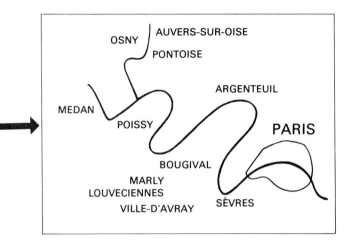

OSNY
AUVERS-SUR-OISE
PONTOISE
ARGENTEUIL
MEDAN
POISSY
PARIS
BOUGIVAL
MARLY
LOUVECIENNES
VILLE-D'AVRAY
SÈVRES

Le sentiment impressionniste est né dans les plaines de l'Ile-de-France et sur le littoral de la Normandie, tandis que Cézanne, dans sa Provence natale, éprouvait la nécessité de revenir à une conception plus classique de la peinture. Après 1885, Gauguin trouve en Bretagne une ambiance qui favorise ses instincts de néo-primitivisme.

Le soleil de la Provence révèle à lui-même Van Gogh, venu de Hollande ; Monet, Renoir, Boudin attirés par la lumière du sud, font des séjours de plus en plus fréquents sur le littoral méditerranéen.

Donateurs

Baron R. d'Albenas
Amis du Louvre (Sté des)
Amis du Luxembourg (Sté des)
Mlle d'Angély
M. Bazille
Famille Bazille
E. Béjot
MM. Bernheim-Jeune
M. Mme G. Bernheim de Villers
Héritiers Bernheim de Villers
A. Berthellemy
Fondation Margaret Biddle
M. Mme Blémont
M. Blot
E. Boch
Général Bourjat
Gustave Caillebotte
Famille G. Caillebotte
Comte Isaac de Camondo
Miss M. Cassatt
Mme L. de Chaisemartin
E. Chaplet
Dr et Mme A. Charpentier
Vicomte du Cholet
Georges Clemenceau
C. Comiot
Mme H. Cordier
Alfred Cortot
D. David-Weill
Mme Dortu*
M. Mme J. Doucet
Carle Dreyfus
Mlle Charlotte Dubourg
J.E. Dubrugeaud
Mme H. English
Mme R. Escholier
Fantin-Latour
Mme Fantin-Latour, née Dubourg
Comte, Comtesse de Fels
G. Févre

Dr P. Gachet
Mlle M. Gachet
Paul Gachet
Ph. Gangnat
R. de Gas
Baronne E. Gebhard-Gourgaud
Mme Goekoop de Jong
Baronne R. de Goldschmidt-Rothschild
M. Mme P. Goujon
Katia Granoff
J. Guérard
D. Guérin
Mme Elie Halévy
Mme F.G. Halphen
Mme H.O. Havemeyer
M. Mme N. Hazard
Dr P. Hébert
J. Hill
Mme Howard-Johnston, née Helleu
Mme Huc de Monfreid
Paul Jamot
Mme Jeantaud
Ad. Jullien
Max et Rosy Kaganovitch
A. Kahn
M. Mme R. Kahn-Sriber*
M. Mme R. Koechlin
A. Lacroix
J. Laroche
P. Leclercq
M. Mme C. Lecœur
Mme R. Lecomte
M. Lépine
M. Mme F. Lung
G.B. Lutz
Mr. Mme V. Lyon
C. Mange de Hauke
Mme Marquet*
Dr Martinez
E. May

M. Mme A. Meyer
Mme Vve Michon, née Rimbert
Mme G. Migeon
Eduardo Mollard
M. Monet
Mme J. Monet-Hoschedé
Etienne Moreau-Nélaton
Mme Mottard
Auguste Pellerin
M. Mme J.V. Pellerin
Antonin Personnaz
M. Peytel
M. Philippon
Mme S. Pichon
G. Pimienta
P.E. Pissarro
Princesse Ed. de Polignac, née Singer
Mme Pontillon
John Quinn
J. Reinach
A. Renoir
Les fils de Renoir
T. et G.-H. Rivière
M. Mme E. Rouart
H. Rouart
S. Salz
J. Schmit
E. Senn
Mme G. Signac
P. Soubeiran
M. Mme J. Taillandier
M. Mme Thomas et leurs enfants
Comtesse de Toulouse-Lautrec
Mme Trenel-Pontremoli
G. Viau
Comtesse Vitali
A. Vollard
G. Wildenstein
Mme E. Zola
*(avec réserve d'usufruit)

Catalogue sommaire
des œuvres conservées
au Musée du Jeu de Paume

Cet ouvrage reprend et complète les catalogues antérieurs du Musée de l'Impressionnisme.
Nous remercions les conservateurs et les collaborateurs qui avaient participé à la rédaction de ces ouvrages ; nous remercions aussi M. Michel Laclotte, Conservateur en Chef du Département des Peintures ; M. le Conservateur en Chef du Département des Sculptures et Mlle Beaulieu, Conservateur ; M. Maurice Sérullaz, Conservateur en Chef du Cabinet des Dessins ; M. le Conservateur en Chef du Département des Objets d'Art et Mme Olagnier-Riottot, Conservateur en Chef du Musée National des Arts Africains et Océaniens qui ont consenti les dépôts d'objets appartenant à leurs collections.
Les collections Walter-Guillaume et Picasso ayant fait l'objet de catalogues, nous n'avons pas repris la nomenclature des œuvres impressionnistes qui en font partie.
Les peintures impressionnistes de la donation Hélène et Victor Lyon exposées au Louvre selon le désir des donateurs sont répertoriées en fin de catalogue.

CATALOGUES

Brière : BRIÈRE (G.)
Musée National du Louvre, catalogue des peintures exposées dans les galeries, I, école française.
Paris, Editions des Musées Nationaux, 1924.

Musée National du Louvre, catalogue des peintures et sculptures, exposées au Musée de l'Impressionnisme,
Paris, Editions des Musées Nationaux, 1947.

Cat. Impr. :
Musée National du Louvre, catalogue des peintures, pastels, sculptures impressionnistes,
Paris, Editions des Musées Nationaux, 1958 ; rééd. 1959.

S.A.I. : STERLING (Ch.) et ADHÉMAR (H.)
Musée National du Louvre, peintures, école française XIXe siècle,
4 vol., Paris, Editions des Musées Nationaux, 1958-1961.

C.P.t.I. :
Musée National du Louvre, catalogue des peintures, I, école française,
Paris, Editions des Musées Nationaux, 1972.

OUVRAGES CITÉS EN ABRÉGÉ

BATAILLE (M.-L.) et WILDENSTEIN (G.), Berthe Morisot, catalogue des peintures, pastels et aquarelles, Paris, 1961.

BENEDITE (L.), Albert Lebourg, Paris, 1923.

BERHAUT (M.), Caillebotte, sa vie et son œuvre, Paris, 1978.

BREESKIN (A.-D.), Mary Cassatt, Washington, 1970.

BOURET (J.), Henri Rousseau, Neuchâtel, 1961.

DAULTE (F.), Alfred Sisley, catalogue raisonné de l'œuvre peint, Lausanne, 1959.

DAULTE (F.), Frédéric Bazille et son temps, Genève, 1952.

DAULTE (F.), Auguste Renoir, catalogue raisonné de l'œuvre peint I, figures (1860-1890), Lausanne, 1971.

DE HAUKE (C.-M.), Seurat et son œuvre, 2 vol. Paris, 1961.

DORRA (H.) et REWALD (J.), Seurat, l'œuvre peint, biographie et catalogue critique, Paris, 1959.

DORTU (M.-G.), Toulouse-Lautrec et son œuvre, 6 vol., Paris, 1971.

FANTIN-LATOUR (Mme), Catalogue de l'œuvre complet (1849-1904) de Fantin-Latour, Paris, 1911.

GRAY (C.), Sculpture and ceramics of Paul Gauguin, Baltimore, 1963.

HEFTING (V.), Jongkind, sa vie, son œuvre, son époque, Paris, 1975.

JAMOT (P.), WILDENSTEIN (G.) et BATAILLE (M.-L.), Manet, 2 vol., Paris, 1932.

LA FAILLE (J.-B. De), L'œuvre de Vincent Van Gogh, catalogue raisonné, 4 vol., Paris-Bruxelles, 1928.

LA FAILLE (J.-B. De), Vincent Van Gogh, Paris, Hypérion, 1939.

LA FAILLE (J.-B. De), The works of Vincent Van Gogh, Amsterdam, 1970.

LEMOISNE (P.-A.), Degas et son œuvre, 4 vol., Paris, 1946-1949.

PISSARRO (L.-R.) et VENTURI (L.), Camille Pissarro, son art, son œuvre, 2 vol., Paris, 1939.

ROBAUT (A.), L'œuvre de Corot, Paris, 1905.

ROBAUT (A.) et CHESNEAU (E.), L'œuvre complète d'Eugène Delacroix, Paris, 1885.

ROUART (D.) et WILDENSTEIN (D.), Edouard Manet, catalogue raisonné, 2 vol., Lausanne-Paris, 1975.

SERRET (G.) et FABIANI (D.), Armand Guillaumin, catalogue raisonné de l'œuvre peint, Paris, 1971.

SCHMIT (R.), Eugène Boudin, 3 vol., Paris, 1973.

TABARANT (A.), Manet et ses œuvres, Paris, 1947.

VALLIER (D.), Tout l'œuvre peint de Henri Rousseau, Paris, 1970.

VENTURI (L.), Cézanne, son art, son œuvre, 2 vol., Paris, 1936.

WILDENSTEIN (G.), Gauguin, Paris, 1964.

WILDENSTEIN (D.), Claude Monet, biographie et catalogue raisonné, I, (1840-1881), Lausanne-Paris, 1974.

AGUIAR

R.F. 1953-20.
MAISONS A AUVERS.
Carton. H. 0,33 ; L. 0,40.
S.D.b.g. : A mon ami Martinez, Aguiar 1875.
Don du Dr Martinez, 1953.
Cat. Impr. 1 - S.A.I. 2.

R.F. 1953-21.
VASE DE FLEURS.
Carton. H. 0,445 ; L. 0,305.
S.b.g. : Recuerdo de Fontenay, M.A.
Peint vers 1875.
Don du Dr Martinez, 1953.
Cat. Impr. 2 — S.A.I. 3.

BAZILLE Frédéric
Montpellier, 1841 - Beaune-la-Rolande (Loiret),
1870.

R.F. 2450
LA ROBE ROSE ou VUE DE CASTELNAU
T. H. 1,47 ; L. 1,10.
S.b.d. : F. Bazille.
Peint en 1864.
(Daulte 9).
Legs Marc Bazille, frère de l'artiste, 1924 (tableau
réinventorié R.F. 2722, lors de son transfert du
Luxembourg au Louvre en 1929).
Cat. Impr. 4 — S.A.I. 40 — C.P.t.l. p. 26.

R.F. 2721
FORÊT DE FONTAINEBLEAU
T. H. 0,60 ; L. 0,73.
Peint en 1865.
(Daulte 11).
Don de Mme Fantin-Latour, 1905.
Cat. Impr. 3 — S.A.I. 41. — C.P.t.l. p. 26.

R.F. 1967-5
L'AMBULANCE IMPROVISÉE.
(Monet blessé à l'hôtel du Lion d'Or à Chailly-en-
Bière).
T. H. 0,47 ; L. 0,65.
Peint en 1865.
(Daulte 14).
Acquis en 1967.
C.P.t.l. p. 26.

D.L. 1970-3
PORTRAIT DE RENOIR.
T. H. 0,62 ; L. 0,51.
Peint en 1867.
(Daulte 22).
Anc. Coll. Claude Renoir.
Prêt du Musée des Beaux Arts d'Alger.

R.F. 2749
RÉUNION DE FAMILLE.
T. H. 1,52 ; L. 2,30.
S.D.b.g. : F. Bazille, 1867.
(Daulte 29).
Salon de 1868.
Acquis avec la participation de Marc Bazille, frère
de l'artiste, 1905.
Cat. Impr. 5 — S.A.I. 42. — C.P.t.l. p. 26.

R.F. 2449
L'ATELIER DE BAZILLE, rue de la Condamine.
T. H. 0,980 ; L. 1,285.

S.D.b.d. : F. Bazille, 1870.
(Daulte 48).
Legs Marc Bazille, frère de l'artiste, 1924.
Cat. Impr. 6 — S.A.I. 43. — C.P.t.l. p. 26.

BERNARD Emile
Lille 1868 - Paris 1941.

INV. 20132
PAUL GACHET (1873-1962)
donateur des Musées Nationaux, peintre
sous le nom de Louis Van Ryssel (voir ce nom).
T. H. 0,40 ; L. 0,32.
Dédicacé au revers : à mon ami et compatriote
Paul Gachet Emile Bernard 1926.
Don Paul Gachet au Musée d'Art Moderne, 1950 ;
transféré au Jeu de Paume, 1958.

BONNARD Pierre
Fontenay-aux-Roses, 1867 - Le Cannet, 1947.

R.F. 1973-9
NU BLEU.
B. H. 0,30 ; L. 0,395.
S.b.g. : Bonnard.
Peint vers 1899-1900.
(H. et J. Dauberville, Bonnard, catalogue raisonné
de l'œuvre peint, 1888-1905, I, Paris, 1965,
nº 228).
Donation M. et R. Kaganovitch, 1973.

R.F. 1973-8
INTÉRIEUR.
T. H. 0,53 ; L. 0,57.
S.b.d. : Bonnard.
Peint vers 1920.
(H. et J. Dauberville, Bonnard, catalogue raisonné
de l'œuvre peint, 1920-1939, III, Paris, s.d.,
nº 1028).
Donation M. et R. Kaganovitch, 1973.

BOUDIN Eugène
Honfleur (Calvados), 1824 - Deauville (Calvados),
1898.

R.F. 1961-26
LA PLAGE DE TROUVILLE, 1864.
B. H. 0,26 ; L. 0,48.
S.D.b.d. : E. Boudin, 1864.
(Schmit 258).
Don Eduardo Mollard, 1961.
C.P.t.l. p. 43.

R.F. 3663
LA PLAGE DE TROUVILLE, 1865.
Carton. H. 0,265 ; L. 0,405.
S.D.b.d. : E. Boudin, 1865, Trouville (la plage).
(Schmit 351).
Legs Eugène Béjot, 1928, entré en 1932.
Cat. Impr. 8 — S.A.I. 121. — C.P.t.l. p. 43.

R.F. 1961-27
LA PLAGE DE TROUVILLE, 1867.
B. H. 0,32 ; L. 0,41.
S.D.b.g. : E. Boudin 67. Inscr. b.d. : Trouville.
(Schmit 411).
Don Eduardo Mollard, 1961.
C.P.t.l. p. 43.

R.F. 1968
BAIGNEURS SUR LA PLAGE DE TROUVILLE
B. H. 0,31 ; L. 0,48.
S.D.b.d. : E. Boudin, 1869. Inscr. b.g. : Trouville.
(Schmit 494).
Legs Camondo, 1911.
Brière CA. 148 — Cat. Impr. 11 — S.A.I. 124.
C.P.t.l. p. 43.

R.F. 1973-10.
PORT D'ANVERS.
B. H. 0,313 ; L. 0,467.
S.D.b.g. : E. Boudin 71 Anvers.
(Schmit 646).
Donation M. et R. Kaganovitch, 1973.

R.F. 1972-15
PORT DE CAMARET.
T. H. 0,555 ; L. 0,895.
S.D.b.d. : E. Boudin 72.
Inscription en bas à gauche : Camaret.
(Schmit 803).
Legs Eduardo Mollard, 1972.

R.F. 1972-16
PAYSAGE AUX LAVANDIÈRES.
T. H. 0,37 ; L. 0,58.
S.D.b.d. : E. Boudin 73.
(Schmit 873).
Legs Eduardo Mollard, 1972.

R.F. 1972-17
PORT DE BORDEAUX.
T. H. 0,41 ; L. 0,65.
S.D.b.g. : E. Boudin - Bordeaux 74.
(Schmit 976).
Legs Eduardo Mollard, 1972.

R.F. 2716
LE PORT DE BORDEAUX.
T. H. 0,705 ; L. 1,020.
S.D.b.d. : E. Boudin, Bordeaux 74.
(Schmit 966).
Acquis en 1899.
Cat. Impr. 14 — S.A.I. 127. — C.P.t.l. p. 43.

M.N.R. 195
MARINE.
T. H. 0,85 ; L. 1,28.
S.D.b.d. : E. Boudin, 1881.
(Schmit 1548).
Attribué au Musée du Louvre par l'Office des Biens
privés, 1950.
C.P.t.l. p. 43.

R.F. 1966
VOILIERS.
B. H. 0,245 ; L. 0,335.
S.b.g. : E. Boudin. Peint vers 1885-90.
(Schmit 2002).
Legs Camondo, 1911.
Brière CA. 150 — Cat. Impr. 12 — S.A.I. 125.
C.P.t.l. p. 43.

R.F. 1978-19
LE PORT DU HAVRE.
(BASSIN DE LA BARRE).
B. H. 0,32 ; L. 0,41.
S.D.b.g. : Le Havre. E. Boudin 88.
Legs James Hill, 1978.

R.F. 1967
LA JETÉE DE DEAUVILLE
B. H. 0,235 ; L. 0,325.
S.D.b.g. : E. Boudin, 89. Inscr. b.d. : Deauville.
(Schmit 2542).
Legs Camondo, 1911.
Brière CA. 149 — Cat. Impr. 10 — S.A.I. 123.
C.P.t.l. p. 43.

R.F. 1972-18
VENISE - QUAI DES ESCLAVONS.
T. H. 0,50 ; L. 0,74.
S.D.b.d. : Venise 95. E. Boudin, Venise 13 juin.
(Schmit 3395).
Legs Eduardo Mollard, 1972.

CAILLEBOTTE Gustave
Paris 1848 - Gennevilliers (Hauts-de-Seine), 1894.

R.F. 2718
LES RABOTEURS DE PARQUET.
T. H. 1,020 ; L. 1,465.
S.D.b.d. : G. Caillebotte, 1875.
(Berhaut 28).
Don des héritiers de Gustave Caillebotte et d'Auguste
Renoir, son exécuteur testamentaire, 1894 ;
entré en 1896.
Cat. Impr. 17 — S.A.I. 151. — C.P.t.l. p. 49.

R.F. 2730
TOITS SOUS LA NEIGE.
T. H. 0,64 ; L. 0,82.
S.b.g. : G. Caillebotte. Peint en 1878.
(Berhaut 107).
Don Martial Caillebotte, frère de l'artiste, 1894.
Cat. Impr. 16 — S.A.I. 152. — C.P.t.l. p. 50.

R.F. 2729
HENRI CORDIER (1849-1929), professeur à l'Ecole
des Langues Orientales, ami de l'artiste.
T. H. 0,65 ; L. 0,80.
S.D.b.m. : G. Caillebotte, 1883.
(Berhaut 235).
Don de Mme H. Cordier, 1926.
Cat. Impr. 18 — S.A.I. 153. — C.P.t.l. p. 50.

R.F. 1954-31
VOILIERS A ARGENTEUIL.
T. H. 0,650 ; L. 0,555.
S.b.d. : G. Caillebotte. Peint vers 1888.
(Berhaut 359).
Acquis en 1954.
Cat. Impr. 19 — S.A.I. 154. — C.P.t.l. p. 50.

R.F. 1971-14
AUTOPORTRAIT.
T. H. 0,405 ; L. 325.
S.b.g. : G. Caillebotte. Peint vers 1889.
(Berhaut 411).
Acquis en 1971.

CALS Adolphe-Félix
Paris, 1810 - Honfleur (Calvados), 1880.

R.F. 2840
PORTRAIT DE L'ARTISTE.
T. H. 0,465 ; L. 0,387.
S.D.b.g. : Cals, 1851.
Don du Dr Georges Viau, 1930.
Cat. Impr. 20 — S.A.I. 155. — C.P.t.l. p. 51.

R.F. 873
NATURE MORTE, LARD ET HARENGS.
T. H. 0,34 ; L. 0,46.
S.D.h.d. : Cals, août 1870.
Don de M. et Mme Hazard, 1894.
Brière 2933 — Cat. Impr. 21 — S.A.I. 156. —
C.P.t.l. p. 51.

R.F. 874
SOLEIL COUCHANT A HONFLEUR.
T. H. 0,34 ; L. 0,46.
S.D.h.d. : Cals, Honfleur, 1873.
Don de M. et Mme Hazard, 1894.
Brière 2934 — Cat. Impr. 22 — S.A.I. 157. —
C.P.t.l. p. 51.

M.N.R. 627
PÊCHEUR.
T. H. 0,46 ; L. 0,31.
S.D.b.d. : Honfleur 1874 Cals.
Attribué au Musée du Louvre par l'Office des Biens
privés, 1951.
C.P.t.l. p. 51.

R.F. 1937-19
FEMME ET ENFANT DANS UN VERGER.
T. H. 0,315 ; L. 0,375.
S.D.b.d. : Cals, Honfleur, 1875.
Legs Antonin Personnaz, 1937.
Cat. Impr. 23 — S.A.I. 158. — C.P.t.l. p. 51.

R.F. 1486
LE DÉJEUNER A HONFLEUR (COTE-DE-GRACE)
T. H. 0,455 ; L. 0,540.
S.D.b.g. : Cals, Honfleur, 1875.
Don Henri Rouart, 1903.
Brière 2936 — Cat. Impr. 24 — S.A.I. 159. —
C.P.t.l. p. 51.

R.F. 872
EFFILEUSES D'ÉTOUPE (HONFLEUR).
T. H. 0,51 ; L. 0,62.
S.D.b.g. : Cals, Honfleur, 1877.
Don de M. et Mme Hazard, 1894.
Brière 2932 — Cat. Impr. 26 — S.A.I. 161. —
C.P.t.l. p. 51.

CASSATT Mary
Allegheny City (Pennsylvanie) 1844 - Château de
Beaufresne au Mesnil-Théribus près Beauvais, 1926.

R.F. 1937-20
FEMME COUSANT.
T. H. 0,92 ; L. 0,63. Peint vers 1880-82.
S.b.g. : Mary Cassatt.
(Breeskin, 144).
Legs Antonin Personnaz, 1937.
Cat. Impr. 27 — S.A.I. 241.

CÉZANNE Paul
Aix-en-Provence, 1839-1906.

M.N.R. 650
TÊTE DE VIEILLARD.
(Le père Rouvel à Bennecourt ?).
T. H. 0,51 ; L. 0,48 (tableau inachevé).
Peint sur une toile représentant une procession.
Peint vers 1866.
(Venturi 17).
Attribué au Musée du Louvre par l'Office des Biens

privés, 1951.
Cat. Impr. 30 — S.A.I. 247. — C.P.t.l. p. 63.

R.F. 1952-10
LA MADELEINE OU LA DOULEUR.
T. H. 1,650 ; L. 1,255.
Provient du décor du Jas-de-Bouffan, propriété de
la famille de l'artiste près d'Aix-en-Provence.
Peint vers 1868-69 (Rewald).
(Venturi 88).
Acquis sur les arrérages d'une donation anonyme
canadienne, 1952.
Cat. Impr. 29 — S.A.I. 246. — C.P.t.l. p. 62.

R.F. 1964-38
ACHILLE EMPERAIRE (1829-1898), peintre aixois.
T. H. 2,00 ; L. 1,20.
S.b.d. : P. Cézanne.
En haut inscription : Achille Emperaire, peintre.
Peint vers 1868.
(Venturi 88).
Ancienne collection Auguste Pellerin.
Don anonyme, 1964.
C.P.t.l. p. 63.

R.F. 1964-37
NATURE MORTE A LA BOUILLOIRE.
T. H. 0,645 ; L. 0,812.
Peint vers 1869.
(Venturi 70).
Acquis sur les arrérages d'une donation anonyme
canadienne avec le concours des héritiers de Gaston Bernheim de Villers et de la Société des Amis
du Louvre, 1963.
C.P.t.l. p. 63.

R.F. 1973-11
LA FEMME ÉTRANGLÉE.
T. H. 0,31 ; L. 0,248.
Peint vers 1870-72.
(Venturi 123).
Donation M. et R. Kaganovitch, 1973.

R.F. 1973-12
ROUTE DE VILLAGE, AUVERS.
T. H. 0,46 ; L. 0,553.
S.b.g. : P. Cézanne.
Peint vers 1872-73.
(Venturi 134).
Donation M. et R. Kaganovitch, 1973.

R.F. 1970
LA MAISON DU PENDU. AUVERS-SUR-OISE.
T. H. 0,55 ; L. 0,66.
S.b.g. : P. Cézanne.
Peint en 1873.
(Venturi 133).
Legs Camondo, 1911.
Brière CA. 151 — Cat. Impr. 38 — S.A.I. 255. —
C.P.t.l. p. 62.

R.F. 1951-31
UNE MODERNE OLYMPIA.
T. H. 0,460 ; L. 0,555.
Peint vers 1873-74.
(Venturi 225).
Don Paul Gachet, 1951.
Cat. Impr. 31 — S.A.I. 248. — C.P.t.l. p. 62.

R.F. 1951-32
LA MAISON DU DOCTEUR GACHET A AUVERS.
T. H. 0,46 ; L. 0,38.

Peint vers 1873.
(Venturi 145).
Don Paul Gachet, 1951.
Cat. Impr. 32 — S.A.I. 249. — C.P.t.l. p. 62.

R.F. 1954-5
BOUQUET AU DAHLIA JAUNE.
T. H. 0,54 ; L. 0,64.
S.b.d. : P. Cézanne.
Peint vers 1873.
(Venturi p. 347).
Don Paul Gachet, 1954.
Cat. Impr. 35 — S.A.I. 252. — C.P.t.l. p. 62.

R.F. 1954-6
POMMES VERTES.
T. H. 0,26 ; L. 0,32.
Peint vers 1873.
(Venturi 66).
Don Paul Gachet, 1954.
Cat. Impr. 33 — S.A.I. 250. — C.P.t.l. p. 62.

R.F. 1954-7
LES ACCESSOIRES DE CÉZANNE. NATURE
MORTE AU MÉDAILLON DE PHILIPPE SOLARI.
T. H. 0,60 ; L. 0,80.
Peint vers 1873.
(Venturi 67).
Don Paul Gachet, 1954.
Cat. Impr. 36 — S.A.I. 253. — C.P.t.l. p. 62.

R.F. 1954-8
CARREFOUR DE LA RUE RÉMY A AUVERS.
T. H. 0,380 ; L. 0,455.
Peint vers 1873.
Don Paul Gachet, 1954.
Cat. Impr. 37 — S.A.I. 254. — C.P.t.l. p. 62.

R.F. 1971
DAHLIAS.
T. H. 0,73 ; L. 0,54.
S.b.g. : P. Cézanne.
Peint à Auvers vers 1873.
(Venturi 179).
Legs Camondo, 1911.
Brière CA. 152 — Cat. Impr. 39 — S.A.I. 256. —
C.P.t.l. p. 61.

R.F. 1951-33
BOUQUET AU PETIT DELFT.
T. H. 0,41 ; L. 0,27.
S.b.g. : P. Cézanne.
Peint vers 1873.
(Venturi 183).
Don Paul Gachet, 1951.
Cat. Impr. 34 — S.A.I. 251. — C.P.t.l. p. 62.

R.F. 1947-29
PORTRAIT DE L'ARTISTE.
T. H. 0,64 ; L. 0,53.
Peint vers 1873-76.
(Venturi 288).
Don J. Laroche, 1947, avec réserve d'usufruit en
faveur de son fils qui le remet au Musée en 1969.
C.P.t.l. p. 61.

R.F. 1955-20
LE POINT DE MAINCY, près de Melun, dit autre-
fois : le pont de Mennecy.
T. H. 0,585 ; L. 0,725.
Peint en 1879-80 (Rewald).
(Venturi 396).

Acquis sur les arrérages d'une donation anonyme
canadienne, 1955.
Cat. Impr. 43 — S.A.I. 260. — C.P.t.l. p. 62.

R.F. 2760
COUR DE FERME A AUVERS.
T. H. 0,65 ; L. 0,54.
Peint vers 1879-80.
(Venturi 326).
Legs Gustave Caillebotte, 1894. Entré en 1896.
Cat. Impr. 40 — S.A.I. 257. — C.P.t.l. p. 61.

R.F. 2324
LES PEUPLIERS.
T. H. 0,65 ; L. 0,81.
Peint vers 1879-82.
(Venturi 335).
Legs Joseph Reinach, 1921.
Cat. Impr. 41 — S.A.I. 258. — C.P.t.l. p. 61.

M.N.R. 228
PORTRAIT DE L'ARTISTE.
T. H. 0,255 ; L. 0,145.
Peint vers 1877-80.
(Venturi 371).
Attribué au Musée du Louvre par l'Office des Biens
privés, 1950.
Cat. Impr. 42 — S.A.I. 259. — C.P.t.l. p. 63.

R.F. 2761
L'ESTAQUE. Vue du golfe de Marseille.
T. H. 0,595 ; L. 0,730.
S.b.d. : P. Cézanne (presque effacé).
Peint vers 1878-79.
(Venturi 428).
Legs Gustave Caillebotte, 1894 ; entré en 1896.
Cat. Impr. 44 — S.A.I. 261. — C.P.t.l. p. 61.

R.F. 2818
NATURE MORTE A LA SOUPIÈRE.
T. H. 0,650 ; L. 0,815.
Peint vers 1877.
(Venturi 494).
Legs Auguste Pellerin, 1929.
Cat. Impr. 45 — S.A.I. 262. — C.P.t.l. p. 61.

R.F. 1973
LE VASE BLEU.
T. H. 0,61 ; L. 0,50.
Peint vers 1885-87.
(Venturi 512).
Legs Camondo, 1911.
Brière CA. 154 — Cat. Impr. 47 — S.A.I. 264. —
C.P.t.l. p. 61.

R.F. 2819
NATURE MORTE AU PANIER.
T. H. 0,65 ; L. 0,81.
S.b.d. : P. Cézanne.
Peint vers 1888-90.
(Venturi 594).
Legs Auguste Pellerin, 1929.
Cat. Impr. 49 — S.A.I. 266. — C.P.t.l. p. 61.

R.F. 1973-55
LA BARQUE
T. H. 0,325 ; L. 0,295.
Fragment central d'un dessus de porte exécuté
pour V. Chocquet vers 1890, découpé par la suite
en trois parties ; les éléments latéraux se trouvent
dans la collection Walter-Guillaume (R.F. 1960-12
et R.F. 1960-13), il a été possible de reconstituer
l'œuvre dans son état primitif ; elle sera présentée

avec la collection Walter-Guillaume.
(Venturi 583).
Acquis en 1973.

R.F. 1965-3
BAIGNEURS.
T. H. 0,60 ; L. 0,82.
Peint vers 1890-92.
(Venturi 580).
Don de la baronne Eva Gebhard-Gourgaud, 1965.
C.P.t.l. p. 63.

R.F. 1969.
LES JOUEURS DE CARTES.
T. H. 0,475 ; L. 0,570.
Peint vers 1890-95.
(Venturi 558).
Legs Camondo, 1911.
Brière CA. 153 — Cat. Impr. 48 — S.A.I. 265. —
C.P.t.l. p. 60.

R.F. 1956-13
LA FEMME A LA CAFETIÈRE.
T. H. 1,305 ; L. 0,965.
Peint vers 1890-1895.
(Venturi 574).
Don de M. et Mme Jean-Victor Pellerin, 1956.
Cat. Impr. 50 — S.A.I. 267. — C.P.t.l. p. 63.

R.F. 1949-30
BAIGNEURS.
T. H. 0,220 ; L. 0,335.
Peint vers 1890-1900.
(Venturi 585).
Acquis en 1949.
Cat. Impr. 46 — S.A.I. 263. — C.P.t.l. p. 62.

R.F. 2817
NATURE MORTE AUX OIGNONS.
T. H. 0,66 ; L. 0,82.
Peint vers 1895.
(Venturi 730).
Legs Auguste Pellerin, 1929.
Cat. Impr. 51 — S.A.I. 268. — C.P.t.l. p. 61.

R.F. 1972
POMMES ET ORANGES.
T. H. 0,74 ; L. 0,93.
Peint vers 1895-1900.
(Venturi 732).
Legs Camondo, 1911.
Brière CA. 155 — Cat. Impr. 52 — S.A.I. 269.
C.P.t.l. p. 61.

COROT Jean-Baptiste-Camille
Paris, 1796-1875.

R.F. 1612
MAISONS DE PÊCHEURS A SAINTE-ADRESSE.
T. H. 0,28 ; L. 0,42.
S.b.g. : Corot ; peint vers 1830.
(Robaut 239).
Donation Etienne Moreau-Nélaton, 1906.
Brière M. 16 — S.A.I. 371. — C.P.t.l. p. 88.

R.F. 1973-13.
BARQUES A VOILES ÉCHOUÉES. TROUVILLE.
T. H. 0,21 ; L. 0,235.
S.b.g. : Corot.
Peint vers 1830.
(Robaut, 231).
Donation M. et R. Kaganovitch, 1973.

R.F. 1620
LA ROCHELLE.
T. H. 0,27 ; L. 0,42. 1851.
(Robaut 6/1)
Donation Etienne Moreau-Nélaton, 1906.
Brière M. 28 — S.A.I. 396. — C.P.t.l. p. 89.

R.F. 1961-23
TOUR AU BORD DE L'EAU.
T. H. 0,30 ; L. 0,235.
S.b.g. : Corot ; peint vers 1855-65.
(Robaut 1447).
Donation Eduardo Mollard, 1961.
C.P.t.l. p. 100.

R.F. 1352
LE CHEMIN DE SÈVRES.
T. H. 0,34 ; L. 0,49.
S.b.d. : Corot ; peint vers 1855-65.
(Robaut 1464).
Legs Thomy-Thiéry, 1902.
Brière T. 2803 — S.A.I. 421. — C.P.t.l. p. 87.

COURBET Gustave
Ornans (Doubs), 1817 - La Tour de Peilz, près de
Vevey (Suisse), 1877.

R.F. 1973-14
FLEURS DE CERISIER.
T. H. 0,32 ; L. 0,405.
S.D.b.g. : 71 G. Courbet ; à d. : Ste Pélagie.
Donation M. et R. Kaganovitch, 1973.

DAUBIGNY Charles-François
Paris, 1817-1878.

R.F. 1362
LES PÉNICHES.
B. H. 0,38 ; L. 0,67.
S.D.b.d. : Daubigny 1865.
Legs Thomy-Thiéry, 1902.
Brière T. 2820 — S.A.I. 512. — C.P.t.l. p. 111.

DAUMIER Honoré
Marseille, 1808 - Valmondois (Val-d'Oise), 1879.

R.F. 1973-15
LE BAISER.
B. H. 0,237 ; L. 0,285.
Monogr. b.g. : H.D.
Peint vers 1845.
(K.E. Maison, *Daumier*, Londres, 1968, I, 6).
Donation M. et R. Kaganovitch, 1973.

DEGAS Hilaire-Germain-Edgar
de Gas, dit
Paris, 1834-1917.

R.F. 2649
PORTRAIT DE L'ARTISTE.
T. H. 0,810 ; L. 0,645.
Peint vers 1854-55.
(Lemoisne 5).
Acquis en 1927 à la vente René de Gas.
Cat. Impr. 53 — S.A.I. 601. — C.P.t.l. p. 125.

R.F. 3662
GIOVANNA BELLELLI (Née en 1848) dite «Nini»,

cousine de l'artiste, plus tard marquise Ferdinando
Lignola.
T. H. 0,26 ; L. 0,23.
Au dos de la toile, inscription de la main de
Degas : Nini Belleli. Vers 1856. Naples. Degas.
Don de la Société des Amis du Louvre 1932.
Cat. Impr. 54 — S.A.I. 602. — C.P.t.l. p. 126.

R.F. 3661
HILAIRE-RENÉ DE GAS (1770-1858),
grand-père de l'artiste à l'âge de 87 ans,
émigré à Naples où il devint banquier.
T. H. 0,53 ; L. 0,41.
D.h.d. : Capodimonte, 1857.
(Lemoisne 27).
Don de la Société des Amis du Louvre, 1932.
Cat. Impr. 55 — S.A.I. 603. — C.P.t.l. p. 126.

R.F. 3584
MARGUERITE DE GAS (1842-1895),
sœur de l'artiste, plus tard Mme Henri Fèvre.
T. H. 0,27 ; L. 0,22.
Etude pour R.F. 3585.
Peint vers 1858-60.
(Lemoisne 61).
Acquis en 1931.
Cat. Impr. 57 — S.A.I. 605. — C.P.t.l. p. 126.

R.F. 3585
MARGUERITE DE GAS (1842-1895),
sœur de l'artiste.
T. H. 0,80 ; L. 0,54.
Peint vers 1858-60.
(Lemoisne 60).
Acquis en 1931.
Cat. Impr. 56 — S.A.I. 604. — C.P.t.l. p. 126.

R.F. 2210
LA FAMILLE BELLELLI. Le baron Gennaro Bellelli
(1812-1864), sénateur du royaume d'Italie ; sa
femme, née Clotilde-Laure de Gas, dite «Laurette»
(1814-1897), tante de l'artiste ; leurs filles,
Giovanna (née en 1848) et Giulia (1851-1922).
T. H. 2,00 ; L. 2,50.
Peint vers 1858-60.
(Lemoisne 79).
Acquis en 1918, avec le concours du comte et
de la comtesse de Fels et grâce à René de Gas.
Cat. Impr. 59 — S.A.I. 607. — C.P.t.l. p. 124.

R.F. 2226
ÉTUDE DE MAINS.
T. H. 0,38 ; L. 0,46.
S.h.d. : Degas.
Etude d'après les mains de la baronne Bellelli
(R.F. 2210).
(Lemoisne 181, avec la date de 1868).
Don de la Société des Amis du Luxembourg,
1919.
Cat. Impr. 65 — S.A.I. 608. — C.P.t.l. p. 125.

R.F. 36085
SEMIRAMIS CONSTRUISANT BABYLONE.
Pastel. H. 0,40 ; L. 0,67.
Étude pour R.F. 2207.
(Lemoisne 85).
Don de M. Edouard Senn, 1976.
Dépôt du Cabinet des Dessins.

R.F. 2207
SÉMIRAMIS CONSTRUISANT BABYLONE.
T. H. 1,51 ; L. 2,58.
S.b.d. : Degas.

Peint en 1861.
(Lemoisne 82).
Acquis en 1918.
Cat. Impr. 58 — S.A.I. 606. — C.P.t.l. p. 124.

R.F. 1982
COURSE DE GENTLEMEN AVANT LE DÉPART.
T. H. 0,485 ; L. 0,615.
S.D.b.d. : Degas, 1862.
Repeint en partie par l'artiste en 1880.
(Lemoisne 101).
Legs Camondo, 1911.
Brière CA. 158 — Cat Impr. 60 — S.A.I. 609. —
C.P.t.l. p. 124.

R.F. 2650
THÉRÈSE DE GAS († 1897),
sœur de l'artiste, plus tard Mme Edmond Morbilli.
T. H. 0,89 ; L. 0,67.
Peint vers 1863, année de son mariage.
(Lemoisne 109).
Acquis en 1927.
Cat. Impr. 61 — S.A.I. 610. — C.P.t.l. p. 125.

R.F. 3586
DEGAS ET ÉVARISTE DE VALERNES (1817-
1896), peintre et ami de l'artiste.
T. H. 1,16 ; L. 0,89.
Peint vers 1864.
(Lemoisne 116).
Don Gabriel Fèvre, neveu du peintre, 1931.
Cat. Impr. 62 — S.A.I. 611. — C.P.t.l. p. 126.

R.F. 2208
SCÈNE DE GUERRE AU MOYEN AGE ou LES
MALHEURS DE LA NOUVELLE ORLÉANS, dit
autrefois : les malheurs de la ville d'Orléans.
Papier sur T. H. 0,85 ; L. 1,47.
S.b.d. : Ed. De Gas.
Salon de 1865.
(Lemoisne 124).
Acquis en 1918.
Cat. Impr. 63 — S.A.I. 612. — C.P.t.l. p. 124.

R.F. 2430
PORTRAIT DE JEUNE FEMME.
T. H. 0,27 ; L. 0,22.
S.h.d. : Degas.
Peint en 1867.
(Lemoisne 163).
Acquis en 1924.
Cat. Impr. 64 — S.A.I. 613. — C.P.t.l. p. 125.

M.N.R. 217
ÉVARISTE DE VALERNES (1817-1896), peintre,
ami d'enfance de l'artiste.
T. H. 0,59 ; L. 0,46.
S.D.b.d. : Degas 1868.
(Lemoisne 177).
Attribué au Musée du Louvre par l'Office des Biens
privés, 1950.
Cat. Impr. 66 — S.A.I. 614. — C.P.t.l. p. 127.

R.F. 2582
LE VIOLONCELLISTE PILLET,
de l'orchestre de l'Opéra.
T. H. 0,505 ; L. 0,610.
Peint vers 1868-69.
(Lemoisne 188).
Don Charles Comiot par l'intermédiaire de la
Société des Amis du Louvre, 1926.
Cat. Impr. 67 — S.A.I. 615. — C.P.t.l. p. 125.

R.F. 2417
L'ORCHESTRE DE L'OPÉRA.
A premier plan, Désiré Dihau (1833-1909), basson de l'orchestre de l'Opéra, ami de Degas.
T. H. 0,565 ; L. 0,462.
S.b.d. sur la chaise : Degas.
Peint vers 1868-69.
(Lemoisne 186).
Acquis de Mlle Marie Dihau, sœur de Désiré Dihau, sous réserve d'usufruit, 1924 ; entré au Louvre en 1935.
Cat. Impr. 68 — S.A.I. 616. — C.P.t.l. p. 125.

R.F. 3736
PAGANS, chanteur espagnol, et
AUGUSTE DE GAS (1807-1874), père de l'artiste.
T. H. 0,545 ; L. 0,400.
Peint vers 1869.
(Lemoisne 256).
Variante au Museum of Fine Arts, Boston.
Don de la Société des Amis du Louvre, 1933, avec la participation de D. David-Weill.
Cat. Impr. 69 — S.A.I. 617. — C.P.t.l. p. 126.

R.F. 2416
MADEMOISELLE DIHAU AU PIANO.
Marie Dihau (1843-1935), pianiste des concerts Colonne.
T. H. 0,450 ; L. 0,325.
Peint vers 1869-72.
(Lemoisne 263).
Acquis de Mlle Marie Dihau, sous réserve d'usufruit, 1924 ; entré au Louvre en 1935.
Cat. Impr. 73 — S.A.I. 621. — C.P.t.l. p. 125.

R.F. 28829
LA REPASSEUSE.
Fusain, craie blanche et pastel.
H. 0,74 ; L. 0,61.
S.b.d. : Degas.
Exécuté en 1869.
Legs Personnaz, entré en 1937 sous n° R.F. 1937-25.
Dépôt du Cabinet des Dessins.
Cat. Impr. 70 — S.A.I. 618.

R.F. 31199
FALAISES AU BORD DE LA MER.
Pastel. H. 0,324 ; L. 0,469.
Cachet rouge de la vente Degas.
Exécuté en 1869.
(Lemoisne 199).
Don de la Baronne Eva Gebhard-Gourgaud, 1965.
Dépôt du Cabinet des Dessins.

R.F. 31200
ÉTUDE DE CIEL.
Pastel. H. 0,290 ; L. 0,480.
Cachet rouge de la vente Degas.
(Lemoisne 219).
Don de la Baronne Eva Gebhard-Gourgaud, 1965.
Dépôt du Cabinet des Dessins.

R.F. 31203
ARBRES LIMITANT UNE PLAINE.
Pastel. H. 0,315 ; L. 0,485.
Cachet rouge de la vente Degas.
(Lemoisne 284).
Don de la Baronne Eva Gebhard-Gourgaud, 1965.
Dépôt du Cabinet des Dessins.

R.F. 2825
JEANTAUD, LINET et LAINÉ, amis de l'artiste.
T. H. 0,38 ; L. 0,46.
S.D.h.g. : Degas, mars 1871.
(Lemoisne 287).
Don de Mme Jeantaud, 1929.
Cat. Impr. 74 — S.A.I. 622. — C.P.t.l. p. 126.

R.F. 1983
LA FEMME A LA POTICHE.
T. H. 0,65 ; L. 0,54.
S.D.b.g. (deux fois) : Degas, 1872.
(Lemoisne 305).
Legs Camondo, 1911.
Brière CA. 159 — Cat. Impr. 76 — S.A.I. 624. — C.P.t.l. p. 124.

R.F. 1986
LE PÉDICURE.
Papier sur T. H. 0,61 ; L. 0,46.
S.D.b.d. : Degas, 1873.
(Lemoisne 323).
Legs Camondo, 1911.
Brière CA. 161 — Cat. Impr. 78 — S.A.I. 626. — C.P.t.l. p. 124.

R.F. 1977
LE FOYER DE LA DANSE A L'OPÉRA DE LA RUE LE PELETIER.
T. H. 0,32 ; L. 0,46.
S.b.g. : Degas.
Peint en 1872.
(Lemoisne 298).
Legs Camondo, 1911.
Brière CA. 160 — Cat. Impr. 77 — S.A.I. 625. — C.P.t.l. p. 123.

R.F. 1978
RÉPÉTITION D'UN BALLET SUR LA SCÈNE.
T. H. 0,65 ; L. 0,81.
S.b.d. : Degas.
Peint en 1874.
(Lemoisne 340).
Legs Camondo, 1911.
Brière CA. 162 — Cat. Impr. 79 — S.A.I. 627. — C.P.t.l. p. 123.

R.F. 1976
LA CLASSE DE DANSE.
T. H. 0,85 ; L. 0,75.
S.b.g. : Degas.
Peint vers 1874.
(Lemoisne 341).
Legs Camondo, 1911.
Brière CA. 163 — Cat. Impr. 80 — S.A.I. 628. — C.P.t.l. p. 123.

R.F. 1970-38
MADAME JEANTAUD AU MIROIR.
T. H. 0,70 ; L. 0,84.
S.b.d. : Degas.
Peint vers 1875.
(Lemoisne 371).
Provient de la coll. J. Doucet.
Legs Jean-Edouard Dubrujeaud, sous réserve d'usufruit en faveur de son fils Jean Angladon-Dubrujeaud, 1970 ; abandon de l'usufruit en 1970.
C.P.t.l. p. 127.

R.F. 1984
AU CAFÉ, dit L'ABSINTHE.
T. H. 0,92 ; L. 0,68.
S.b. vers la g. : Degas.
Peint en 1876.
(Lemoisne 393).

Legs Camondo, 1911.
Brière CA. 164 — Cat. Impr. 81 — S.A.I. 629. — C.P.t.l. p. 124.

R.F. 4040
FIN D'ARABESQUE.
Peinture à l'essence et pastel.
T. H. 0,674 ; L. 0,38.
S.b.g. : Degas.
Exécuté vers 1877.
(Lemoisne 418).
Legs Camondo, 1911.
Dépôt du Cabinet des Dessins.
Cat. Impr. 83 — S.A.I. 631.

R.F. 4039
DANSEUSE AU BOUQUET, SALUANT.
Pastel sur papier collé sur toile.
H. 0,72 ; L. 0,775.
S.b.g. : Degas.
Exécuté vers 1877.
(Lemoisne 474).
Legs Camondo, 1911.
Dépôt du Cabinet des Dessins.
Cat. Impr. 87 — S.A.I. 635.

R.F. 12258
L'ÉTOILE ou DANSEUSE SUR LA SCÈNE.
Pastel. H. 0,60 ; L. 0,44.
S.h.g. : Degas.
Exécuté vers 1878.
(Lemoisne 491).
Legs Caillebotte, 1894 ; entré en 1896.
Dépôt du Cabinet des Dessins.
Cat. Impr. 88 — S.A.I. 636.

R.F. 2444
A LA BOURSE.
T. H. 1,00 ; L. 0,82.
Peint vers 1878-79.
(Lemoisne 499).
Donation Ernest May sous réserve d'usufruit, 1923 ; entré en 1926.
Cat. Impr. 89 — S.A.I. 637. — C.P.t.l. p. 125.

R.F. 1981
CHEVAUX DE COURSES DEVANT LES TRIBUNES.
T. H. 0,46 ; L. 0,61.
S.b.g. : Degas.
Peint vers 1879.
(Lemoisne 262).
Legs Camondo, 1911.
Brière CA. 165 - Cat. Impr. 72 — S.A.I. 620. — C.P.t.l. p. 124.

R.F. 1980
LE CHAMP DE COURSES.
JOCKEYS AMATEURS PRÈS D'UNE VOITURE.
T. H. 0,66 ; L. 0,81.
S. d. : Degas.
Peint vers 1877-80.
(Lemoisne 461).
Legs Camondo, 1911.
Brière CA. 166 — Cat. Impr. 86 — S.A.I. 634. — C.P.t.l. p. 123.

R.F. 12260
CHANTEUSE.
Pastel et rehauts de gouache sur papier gris clair.
H. 0,618 ; L. 0,475.
S.b.g. au crayon : Degas.
Exécuté vers 1880.
(Lemoisne 605).

Legs Caillebotte en 1894 ; entré en 1896.
Dépôt du Cabinet des Dessins.
Cat. Impr. 103 — S.A.I. 639.

R.F. 4037
TROIS ÉTUDES DE LA TÊTE D'UNE DANSEUSE.
Pastel sur papier chamois.
H. 0,180 ; L. 0,568.
S.b.d. : Degas.
Vers 1880.
(Lemoisne 593).
Legs Camondo, 1911.
Dépôt du Cabinet des Dessins.

R.F. 4043
FEMME DANS SON BAIN
S'ÉPONGEANT LA JAMBE.
Pastel. H. 0,197 ; L. 0,41.
S.b.g. : Degas.
Exécuté vers 1883.
(Lemoisne 728).
Legs Camondo, 1911.
Dépôt du Cabinet des Dessins.
Cat. Impr. 92 — S.A.I. 641.

R.F. 1985
LES REPASSEUSES.
T. H. 0,760 ; L. 0,815.
S.h.d. : Degas.
Peint vers 1884.
(Lemoisne 785).
Legs Camondo, 1911.
Brière CA 168 — Cat. Impr. 93 — S.A.I. 642.
C.P.t.l. p. 124.

R.F. 4045
APRÈS LE BAIN, FEMME S'ESSUYANT
LES PIEDS.
Pastel sur carton. H. 0,543 ; L. 0,524.
S.b.d. : Degas.
Exécuté en 1886.
(Lemoisne 874).
Legs Camondo, 1911.
Dépôt du Cabinet des Dessins.
Cat. Impr. 96 — S.A.I. 644.

R.F. 4046
LE TUB.
Pastel sur carton. H. 0,60 ; L. 0,83.
S.D.b.d. : Degas, 86.
(Lemoisne 872).
Legs Camondo, 1911.
Dépôt du Cabinet des Dessins.
Cat. Impr. 95 — S.A.I. 645.

R.F. 1979
DANSEUSES MONTANT UN ESCALIER.
T. H. 0,390 ; L. 0,895.
S.b.g. : Degas.
Peint vers 1886-90.
(Lemoisne 894).
Legs Camondo, 1911.
Brière CA. 167 — Cat. Impr. 97 — S.A.I. 646.
C.P.t.l. p. 123.

R.F. 1951-10
DANSEUSES BLEUES.
T. H. 0,850 ; L. 0,755.
S.b.g. : Degas.
Peint vers 1890.
(Lemoisne 1014).
Autre version au Metropolitan Museum, New York.

Don du Dr et de Mme Albert Charpentier, 1951.
Cat. Impr. 99 — S.A.I. 648. — C.P.t.l. p. 126.

R.F. 1961-28.
ARLEQUIN ET COLOMBINE.
B. H. 0,330 ; L. 0,235.
Cachet en bas à droite, en rouge : Degas.
Peint vers 1886-90.
(Lemoisne 1111).
Donation Eduardo Mollard, 1961.
C.P.t.l. p. 126.

R.F. 4042
FEMME SE LAVANT DANS SA BAIGNOIRE.
Crayons de couleurs et pastel sur carton.
H. 0,318 ; L. 0,474.
S.b.g. : Degas.
Exécuté vers 1892.
(Lemoisne 1121).
Legs Camondo, 1911.
Dépôt du Cabinet des Dessins.
Cat. Impr. 101 — S.A.I. 649.

R.F. 2137
GRANDE DANSEUSE HABILLÉE.
Bronze. H. 0,98.
Entré au Louvre en 1930 ; dépôt du Département
des Sculptures.
Cat. 1922-1933 n° 1790 — Cat. Impr. 448.

DELACROIX Eugène
Charenton-Saint-Maurice (Val-de-Marne), 1798 -
Paris, 1863.

R.F. 31719
BOUQUET DE FLEURS
Aquarelle, gouache, rehauts de pastel sur esquisse
au crayon noir sur papier gris.
H. 0,650 ; L. 0,654.
(Robert-Chesneau 1042).
Legs César Mange de Hauke, 1965.
Dépôt du Cabinet des Dessins.
Cette œuvre a été copiée par Cézanne
(Moscou, Musée Pouchkine).

DERAIN André
Chatou, 1880 - Garches, 1954.

R.F. 1973-16
PONT DE WESTMINSTER.
T. H. 0,81 ; L. 1,00.
S.b.d. : Derain.
Peint vers 1906.
Donation M. et R. Kaganovitch, 1973.

R.F. 1977-4
ENFANT COURANT SUR LA PLAGE.
T. H. 0,244 ; L. 0,193.
S.b.d. : a. derain
Donation M. et R. Kaganovitch, 1977.

DIAZ DE LA PEÑA Narcisse
Bordeaux, 1807 - Menton (Alpes-Maritimes), 1876.

R.F. 1972-19
PAYSAGE.
T. H. 0,322 ; L. 435.
Estampille rouge en bas à droite en capitales :
N. DIAZ.
Legs Eduardo Mollard, 1972.

DUBOURG Victoria
(Mme Fantin-Latour).
Paris, 1840 - Buré (Orne), 1926.

R.F. 3766
COIN DE TABLE, nature-morte.
T. H. 0,52 ; L. 0,63.
S.h.g. : V. Dubourg.
Salon de 1901.
Provient du Musée du Luxembourg.
S.A.I. 792. — C.P.t.l. p. 148.

INV. 20054
FLEURS DANS UN VASE.
T. H. 0,425 ; L. 0,367.
S.D.b.d. : V. Dubourg, 1910.
Provient du Musée du Luxembourg.
S.A.I. 793 - C.P.t.l. p. 148.

FANTIN-LATOUR Henri
Grenoble, 1836 - Buré (Orne), 1904.

LA LISEUSE. Marie Fantin-Latour, sœur de l'artiste.
T. H. 1,00 ; L. 0,83.
S.D.h.g. : Fantin, 1861.
Salon de 1861.
(Fantin-Latour 169).
Legs de M. et Mme Raymond Koechlin, 1931.
Cat. Impr. 104 — S.A.I. 827. — C.P.t.l. p. 159.

R.F. 1666
NARCISSES ET TULIPES.
T. H. 0,460 ; L. 0,385.
S.h.g. : Fantin D.h.d. : 1862.
(Fantin-Latour 195).
Donation Etienne Moreau-Nélaton, 1906.
Brière M. 65 — Cat. Impr. 105 — S.A.I. 828.
C.P.t.l. p. 158.

R.F. 1664
HOMMAGE A DELACROIX.
De gauche à droite : Cordier, Duranty, Legros,
Fantin-Latour, Whistler, Champfleury, Manet,
Bracquemond, Baudelaire, de Balleroy.
T. H. 1,60 ; L. 2,50.
S.D.h.g. : Fantin, 1864.
Salon de 1864.
(Fantin-Latour 227).
Donation Etienne Moreau-Nélaton, 1906).
Brière M. 66 — Cat. Impr. 106 — S.A.I. 829.
C.P.t.l. p. 157.

M.N.R. 227
FLEURS ET FRUITS.
T. h. 0,64 ; L. 0,57.
S.D.h.d. : Fantin, 1865.
(Fantin-Latour 276 bis).
Attribué au Musée du Louvre par l'Office des Biens
privés, 1950.
Cat. Impr. 107 — S.A.I. 830. — C.P.t.l. 159.

R.F. 1974-17
ANTOINE VOLLON (1833-1900).
T. H. 0,302 ; L. 0,18.
S.D.h.d. : Fantin 1865.
(Fantin-Latour 273).
Fragment d'une grande composition intitulée
« Le Toast » exposée au Salon de 1865, détruite
ensuite par l'artiste qui n'en conserva que trois
fragments dont ce portrait du peintre Vollon.
Acquis en 1974.

R.F. 3637
L'ATELIER AUX BATIGNOLLES.
T. H. 0,29 ; L. 0,39.
S.b.g. : Fantin.
Peint vers 1870.
Esquisse de R.F. 729.
(Fantin-Latour 410).
Don de l'artiste, 1899.
Cat. Impr. 108 — S.A.I. 831. — C.P.t.l. p. 159.

R.F. 729
L'ATELIER DES BATIGNOLLES.
De gauche à droite : Otto Schölderer, Manet,
Renoir, Zacharie Astruc, Emile Zola, Edmond
Maître, Bazille, Monet.
T. H. 2,040 ; L. 2,735.
S.D.b.g. : Fantin, 70.
Salon de 1870.
(Fantin-Latour 409).
Acquis en 1892.
Cat. Impr. 109 — S.A.I. 832. — C.P.t.l. p. 157.

R.F. 159
UN COIN DE TABLE.
De gauche à droite : Paul Verlaine, Arthur Rimbaud,
Elzéar Bonnier, Léon Valade, Emile Blémont, Jean
Aicard, Ernest d'Hervilly, Camille Pelletan.
T. H. 1,60 ; L. 2,25.
S.D.h.d. : Fantin, 1872.
Salon de 1872.
(Fantin-Latour 577).
Donation de Léon-Emile Petitdidier, dit Emile Blé-
mont, et de Mme Blémont, sous réserve d'uusufruit,
1910 ; abandon à l'usufruit, 1920.
Brière 3078 — Cat. Impr. 110 — S.A.I. 833.
C.P.t.l. p. 158.

R.F. 1665
ÉTUDE DE FEMME NUE.
T. H. 0,445 ; L. 2,70.
S.D.b.d. : Fantin, 1872.
(Fantin-Latour 580).
Donation Moreau-Nélaton, 1906.
Brière M. 67 — Cat. Impr. 117 — S.A.I. 834.
C.P.t.l. p. 157.

R.F. 3629
VICTORIA DUBOURG (1840-1926), peintre,
plus tard femme de l'artiste.
T. H. 0,925 ; L. 0,760.
S.D.h.g. : Fantin, 73.
Salon de 1873.
(Fantin-Latour 647).
Don de l'artiste en 1902.
Cat. Impr. 111 — S.A.I. 835. — P.P.t.l. p. 158.

R.F. 2349
LA FAMILLE DUBOURG.
M. et Mme Dubourg et leurs filles, Victoria, femme
de l'artiste, et Charlotte.
T. H. 1,465 ; L. 1,705.
S.D.b.g. : Fantin, 78.
Salon de 1878.
(Fantin-Latour 867).
Don de Mme Fantin-Latour, femme de l'artiste,
sous réserve d'usufruit, 1921 ; entré en 1926.
Cat. Impr. 113 — S.A.I. 837. — C.P.t.l. p. 158.

R.F. 2348
CHARLOTTE DUBOURG (1850-1921),
sœur de la femme de l'artiste.
T. H. 1,180 ; L. 0,925.

S.D.h.g. : Fantin, 82.
Salon de 1887.
(Fantin-Latour 1058).
Legs Charlotte Dubourg, 1921.
Cat. Impr. 114 — S.A.I. 838. — C.P.t.l. p. 158.

R.F. 1961-25
ROSES DANS UNE COUPE.
T. H. 0,365 ; L. 0,460.
S.D.h.d. : Fantin 82.
Don Eduardo Mollard, 1961.
C.P.t.l. p. 159.

R.F. 2173
AUTOUR DU PIANO.
De gauche à droite : Adolphe Jullien, Boisseau,
Chabrier, Camille Benoît, Edmond Maître, Lascaux,
Vincent d'Indy, Amédée Pigeon.
T. H. 1,60 ; L. 2,22.
S.D.h.d. : Fantin, 85.
Salon de 1885.
(Fantin-Latour 1194).
Don Adolphe Jullien sous réserve d'usufruit, 1915 ;
abandon de l'usufruit, 1919.
Cat. Impr. 115 — S.A.I. 839. — C.P.t.l. p. 158.

R.F. 2174
ADOLPHE JULLIEN (1840-1932),
historien et critique musical, ami et historiographe
de l'artiste.
T. H. 1,60 ; L. 1,50.
S.D.b.g. : Fantin, 87.
Salon de 1887.
(Fantin-Latour 1292).
Don Adolphe Jullien sous réserve d'usufruit, 1915 ;
abandon de l'usufruit, 1919.
Cat. Impr. 116 — S.A.I. 840. — C.P.t.l. p. 158.

R.F. 1086
LA NUIT.
T. H. 0,61 ; L. 0,75.
S.b.g. : Fantin.
Peint en 1897.
(Fantin-Latour 1652).
Acquis au Salon de 1897.
Cat. Impr. 119 — S.A.I. 842. — C.P.t.l. p. 157.

R.F. 1937-62
LE COUCHER.
T. H. 0,295 ; L. 0,220.
S.b.g. : Fantin.
Grisaille (Fantin-Latour 2248).
Legs Antonin Personnaz, 1937.
Cat. Impr. 118 — S.A.I. 841. — C.P.t.l. p. 159.

GAUGUIN Paul
Paris, 1848 - Atouana (La Dominique), 1903.

R.F. 1941-27
LA SEINE AU POINT D'IÉNA. TEMPS DE NEIGE.
T. H. 0,650 ; L. 0,925.
S.D.b.d. : P. Gauguin, 1875.
(Wildenstein 13).
Legs Paul Jamot, 1941.
Cat. Impr. 128 — S.A.I. 897. — C.P.t.l. p. 172.

M.N.R. 219
NATURE MORTE A LA MANDOLINE.
T. H. 0,61 ; L. 0,51.
S.D.b.d. : P. Gauguin, 85.
(Wildenstein 173).

Attribué au Musée du Louvre par l'Office des Biens
privés, 1950.
Cat. Impr. 129 — S.A.I. 898. — C.P.t.l. p. 174.

R.F. 1965-17
LES LAVANDIÈRES A PONT-AVEN.
T. H. 0,71 ; L. 0,90.
S.D.b.g. : P. Gauguin 86.
(Wildenstein 196).
Acquis en 1965.
C.P.t.l. p. 174.

R.F. 1941-28
LA FENAISON EN BRETAGNE.
Au revers : BOUQUET DE FLEURS
DEVANT UNE FENÊTRE OUVERTE SUR LA MER.
T. H. 0,73 ; L. 0,92.
S.D.b.g. : P. Gauguin, 88.
(Wildenstein 269 et 292).
Legs Paul Jamot, 1941.
Cat. Impr. 130 — S.A.I. 900. — C.P.t.l. p. 172.

R.F. 1938-47
LES ALYSCAMPS, Arles.
T. H. 0,915 ; L. 0,725.
S.D.b.g. : P. Gauguin, 88.
(Wildenstein 307).
Don de la comtesse Vitali en souvenir de son frère
le vicomte Guy du Cholet, 1923. Déposé au Musée
des Arts Décoratifs ; entré au Louvre en 1938.
Cat. Impr. 131 — S.A.I. 899. — C.P.t.l. p. 172.

R.F. 1959-8
L'ATELIER DE SCHUFFENECKER ou LA FAMILLE
SCHUFFENECKER. Le peintre Emile Schuffenecker
(1851-1934), sa femme et ses filles.
T. H. 0,73 ; L. 0,92.
S.mi-h.d. : P. Go. dédicacé D.b.d. : Souvenir à ce
bon Schuffenecker, 1889.
(Wildenstein 313).
Ancienne coll. Matsukata. Entré au Louvre en
1959, en application du traité de paix avec le
Japon.
Cat. Impr. 132 — S.A.I. 901. — C.P.t.l. p. 174.

R.F. 1951-6
LES MEULES JAUNES ou LA MOISSON BLONDE.
T. H. 0,735 ; L. 0,925.
S.D.b.d. : P. Gauguin, 89.
(Wildenstein 351).
Donation de Mme Huc de Monfreid, 1951 ;
entré en 1968.
C.P.t.l. p. 173.

R.F. 1959-7
NATURE MORTE A L'ÉVENTAIL.
T. H. 0,50 ; L. 0,61.
S.b.d. : P. Gauguin.
Peint vers 1889.
(Wildenstein 377).
Ancienne coll. Matsukata. Entré au Louvre en
1959, en application du traité de paix avec le
Japon.
Cat. Impr. 134 — S.A.I. 903. — C.P.t.l. p. 173.

R.F. 2617
LA BELLE ANGÈLE.
(Mme Satre, hôtelière à Pont-Aven).
T. H. 0,92 ; L. 0,73.
S.D.b.g. : P. Gauguin, 89. Inscr. b.g. : La belle
Angèle.
(Wildenstein 315).

Don Ambroise Vollard, 1927.
Cat. Impr. 133 — S.A.I. 902. — C.P.t.l. p. 172.

R.F. 2765
FEMMES DE TAHITI ou SUR LA PLAGE.
T. H. 0,690 ; L. 0,915.
S.D.b.d. : P. Gauguin, 91.
(Wildenstein 434).
Legs du vicomte Guy du Cholet, 1923.
Cat. Impr. 135 — S.A.I. 904. — C.P.t.l. p. 172.

R.F. 1954-27.
LE REPAS.
T. H. 0,73 ; L. 0,92.
S.D.b.d. : P. Gauguin 91.
(Wildenstein 427).
Donation de M. et Mme André Meyer sous
réserve d'usufruit, 1954 ; abandon de l'usufruit,
1975.

R.F. 1961-6
AREAREA (JOYEUSETÉS).
T. H. 0,75 ; L. 0,94.
Inscr. S.D.b.d. : Arearea. P. Gauguin 92.
(Wildenstein 468).
Legs de M. et Mme Frédéric Lung, ·1961.
C.P.t.l. p. 174.

R.F. 1958-11
MOTIFS FLORAUX ET VÉGÉTAUX.
Verre. H. 1,05 ; L. 0,75.
Inscr. b.d. : Nave Nave.
Peint en 1893.
Vitres décorant l'atelier de l'artiste, rue Vercingétorix
à Paris.
(Wildenstein 510).
Don de Mrs Harold English, 1958.
Cat. Impr. 135 a — S.A.I. 906. — C.P.t.l. p. 173.

R.F. 1958-12
TAHITIENNE DANS UN PAYSAGE.
Verre. H. 1,16 ; L. 0,75.
D.b.d. : 93.
Vitres décorant l'atelier de l'artiste, rue Vercingétorix
à Paris.
(Wildenstein 511).
Don de Mrs Harold English, 1958.
Cat. Impr. 135 b — S.A.I. 905. — C.P.t.l. p. 173.

R.F. 1966-7
PORTRAIT DE L'ARTISTE.
Au revers : PORTRAIT DE WILLIAM MOLARD,
compositeur suédois (+ 1936).
T. H. 0,46 ; L. 0,38.
S.h.g. au revers : P. Go.
Peint vers 1893-94.
(Wildenstein 506 et 507).
Acquis en 1966.
C.P.t.l. p. 174.

R.F. 1959-6
PAYSAGE DE BRETAGNE. LE MOULIN DAVID.
T. H. 0,73 ; L. 0,92.
S.D.b.d. : 94. P. Gauguin.
(Wildenstein 528).
Ancienne coll. Matsukata. Entré au Louvre en
1959, en application du traité de paix avec le
Japon.
Cat. Impr. 136 — S.A.I. 907. — C.P.t.l. p. 173.

R.F. 1952-29
VILLAGE BRETON SOUS LA NEIGE.
T. H. 0,62 ; L. 0,87.
Peint sans doute en 1894. Trouvé à sa mort dans

sa case.
(Wildenstein 525).
Acquis en 1952 sur les arrérages d'une donation
canadienne anonyme.
Cat. Impr. 137 — S.A.I. 908. — C.P.t.l. p. 173.

R.F. 1973-17
PAYSANNES BRETONNES.
T. H. 0,66 ; L. 0,925.
S.D.b.g. : P. Gauguin 94.
(Wildenstein 521).
Donation M. et R. Kaganovitch, 1973.

R.F. 1951-7
PORTRAIT DE L'ARTISTE.
T. H. 0,405 ; l. 0,320.
Dédicacé et S.b.d. : à l'ami Daniel, P. Gauguin.
Peint en 1896.
(Wildenstein 556).
Donation de Mme Huc de Monfreid, 1951 ; entré
en 1968.
C.P.t.l. p. 173.

R.F. 1959-5
VAIRUMATI.
T. H. 0,73 ; L. 0,94.
Inscr. S.D.b.g. : Vairumati, 97, P. Gauguin.
(Wildenstein 559).
Ancienne coll. Matsukata. Entré au Louvre en
1959, en application du traité de paix avec le
Japon.
Cat. Impr. 138 — S.A.I. 909. — C.P.t.l. p. 173.

R.F. 2616
LE CHEVAL BLANC
T. H. 1,400 ; L. 0,915.
S.D.b.m. : P. Gauguin, 98.
(Wildenstein 571).
Acquis en 1927.
Cat. Impr. 139 — S.A.I. 910. — C.P.t.l. p. 172.

R.F. 1944-2
«ET L'OR DE LEUR CORPS».
T. H. 0,67 ; L. 0,76.
Inscr. S.D.b.d. : Et l'or de leur corps. P. Gau-
guin, 1901.
(Wildenstein 596).
Acquis en 1944.
Cat. Impr. 140 — S.A.I. 911. — C.P.t.l. p. 173.

Céramiques

Gauguin fit des essais de céramiques dès 1886,
mais c'est en 1888 que se place sa rencontre
décisive avec Chaplet, rénovateur de la céramique française moderne, qui lui apprit la technique des grès flammés. Il se passionna pour la
céramique d'Orient au Musée Guimet. Sa première
exposition particulière en 1888 chez Boussod et
Valadon comprenait un ensemble de céramiques
qui attirèrent l'attention de Roger Marx (*Revue
Encyclopédique*, 1891, p. 587 sq.). Dans *Noa-
Noa*, Gauguin fait l'éloge des potiers japonais,
et à Tahiti, il orne lui-même ses jardins d'idoles
en céramique. (J. Leymarie, Catalogue de l'Exposition Gauguin, Orangerie, 1949, p. 81).
Cf. : A.M. Berryer, A propos d'un vase de Chaplet
décoré par Gauguin, dans le *Bull. des Musées
Royaux de Bruxelles*, janvier 1944, pp. 13-27.

MAAO 14329[4]
VASE DE FORME CARRÉE A DEUX ANSES.
Hauteur : 0,15.
Signé : P. Go.
Vers 1886.
(Gray 13).
Don Vollard, 1943 ; dépôt du Musée des Arts
Africains et Océaniens.

MAAOO 14329[6]
VASE - FEMME SOUS UN ARBRE.
Hauteur : 0,13.
Signé : P. Go.
Vers 1887.
(Gray 15).
Don Vollard, 1943 ; dépôt du Musée des Arts
Africains et Océaniens.

MAAO 14329[5]
VASE A QUATRE ANSES - SUJET BRETON.
Hauteur : 0,17.
Signé : P. Gauguin.
(Gray 21).
Don Vollard, 1943 ; dépôt du Musée des Arts
Africains et Océaniens.

MAAO 14343
VASE EN FORME DE TRONC D'ARBRE
AVEC TAHITIENNE ACCROUPIE ET DEUX TÊTES
DE JEUNE FILLE.
Hauteur : 0,23.
Signé : P. Gauguin.
Vers 1888.
(Gray 54).
Don Vollard, 1943 ; dépôt du Musée des Arts
Africains et Océaniens.

OA 9514
VASE EN GRÈS DÉCORÉ DE FIGURES
TAHITIENNES.
Hauteur : 0,35 ; diamètre 0,13.
(Gray 115).
Don David-Weill, 1938 ; dépôt du Département
des Objets d'Art.
Cat. Impr. 472.

OA 9050
POT A TABAC.
Terre vernissée.
Hauteur : 0,28 ; diamètre : 0,23.
(Gray 66).
Ancienne collection Schuffenecker.
Don Jean Schmit au Musée du Louvre, 1938,
dépôt du Département des Objets d'Art.
Cat. Impr. 473.

OA 9051
FONTAINE.
Terre vernissée verte.
Hauteur : 0,45.
Signé : P. Gauguin.
(Gray 78).
Ancienne collection Schuffenecker.
Don Jean Schmit au Musée du Louvre, 1938 ;
dépôt du Département des Objets d'Art.
Cat. Impr. 474.

Bois sculptés

OA 9052
POIGNARD.
Manche en bois sculpté figurant des Polynésiens

et des feuillages. Rehauts peints vert et rouge.
Longueur du manche : 0,18 ; long. totale : 0,58.
Signé : P.G.
Vers 1890.
(Gray 90).
Ancienne collection Schuffenecker.
Don Jean Schmit au Musée du Louvre, 1938 ;
dépôt du Département des Objets d'Art.
Cat. Impr. 475.

OA 9053
CANNE.
Bois. Longueur : 0,86.
Pomme sculptée décorée de têtes polynésiennes.
Rehauts d'or dans les fonds.
Sur la pomme, la signature en rouge : P. Go.
Vers 1893-94.
(Gray 104).
Ancienne collection Schuffenecker.
Don Jean Schmit au Musée du Louvre, 1938 ;
dépôt du Département des Objets d'Art.
Cat. Impr. 476.

OA 9528
MASQUE DE TEHURA.
Bois. Hauteur : 0,25 ; largeur : 0,20.
Yeux peints en vert, fleur dorée.
Au revers figure féminine nue debout.
(Gray 98).
Donation sous réserve d'usufruit de Mme Huc de
Monfreid au Musée du Louvre, 1951 ; entré en
1968 ; dépôt du Département des Objets d'Art.

OA 9529
IDOLE A LA PERLE.
Bois. Hauteur : 0,25.
Perle incrustée sur le front de la figure assise.
Signé : P. Go.
Premier séjour à Tahiti.
(Gray 94).
Donation sous réserve d'usufruit de Mme Huc de
Monfreid, 1951 ; entré au Musée du Louvre en
1968 ; dépôt du Département des Objets d'Art.

OA 9540
IDOLE A LA COQUILLE.
Bois. Hauteur : 0,27 ; diamètre : 0,14.
Auréole de nacre ; incrustations d'os pour les dents.
1893.
Acquis en 1951 avec la participation de Mme Huc
de Monfreid ; entré en 1968 ; dépôt du Départe-
ment des Objets d'Art.

MAAO 14329
CANNE EN BOIS.
Longueur : 0,91.
Bois avec bague de fer portant les initiales P. Go.
en or.
Tahiti vers 1893-95.
(Gray 105).
Don Vollard 1943 ; dépôt du Musée des Arts
Africains et Océaniens.

MAAO 14329³
COUPE CREUSE, STYLE MAORI.
Bois. Longueur : 0,44 ; largeur : 0,26.
Signé : P. G. O.
(Gray 145).
Don Vollard 1943 ; dépôt du Musée des Arts
Africains et Océaniens.

MAAO 14329²
PLAT OVALE CREUX.
Bois. Longueur : 0,46 ; largeur : 0,20.
Signé : P.G.O.
(Gray 144).
Don Vollard 1943 ; dépôt du Musée des Arts
Africains et Océaniens.

MAAO 14329¹
SAINT-ORANG.
Sculpture bois. Hauteur : 0,92.
Signé : P. G. sur la face postérieure ; inscription :
Saint-Orang, sur la poitrine.
(Gray 137).
Don Vollard 1943 ; dépôt du Musée des Arts
Africains et Océaniens.

MAAO 14811
CADRE SCULPTÉ.
Bois. Hauteur : 0,50 ; largeur : 0,43.
Dans ce cadre une photographie ancienne d'un
guerrier des Iles Marquises.
(Gray 142).
Don Vollard 1946 ; dépôt du Musée des Arts
Africains et Océaniens

MAAO 8947
TÊTE DE TAHITIENNE.
Dessin. Cadre orné d'un entrelacs de brindilles.
B. H. : 0,24 ; L. : 0,20.

Ancienne coll. Vollard ; don Ary Leblond, 1935 ;
dépôt du Musée des Arts Africains et Océaniens.
Au cours de ses deux séjours en Océanie, Gauguin
avait acquis et revendu divers terrains, construit
et abandonné plusieurs cases. Celle d'Hiva-Oa,
aux îles Marquises, fut édifiée sur une parcelle
cédée par l'évêque de l'archipel. Bientôt brouillé
avec le prélat qui combattait la licence des mœurs
indigènes, le peintre conçut le décor de sa demeure
comme une sorte de provocation. Mais, malgré
les inscriptions qui font penser à quelque abbaye
de Thélème, la case de Gauguin abritait moins de
félicité que de désespoir ; il y mourut rongé de
gangrène, le 8 mai 1903.
Officier de santé sur un aviso de guerre qui fit
escale aux Marquises quelques semaines après le
décès de Gauguin, Victor Ségalen a laissé une
émouvante description du misérable habitat du
peintre. Passant des Marquises à Tahiti — les
hardes et les panneaux sculptés avaient été
transportés — il acquit l'ensemble des bois poly-
chromés dont l'essentiel est entré au Louvre en
même temps qu'une toile de Gauguin qui, ultime
contradiction, représente un effet de neige sur de
mornes chaumières bretonnes. (cf. R.F. 1952-29).

R.F. 2723
LINTEAU DE LA PORTE DE LA CASE D'HIVA-OA.
Deux têtes de femme, de profil à gauche, un
oiseau, une branche de feuillage encadrent l'ins-
cription : Maison du Jouir.
Bois taillé au couteau et polychromé.
Longueur : 2,425 ; largeur : 0,39.
(Gray 132).
Collection Victor Ségalen ; acquis en 1952.
Cat. Impr. 449.

R.F. 2720
PANNEAU HORIZONTAL AYANT DÉCORÉ UNE
POUTRE DE LA CASE D'HIVA-OA.
Trois têtes de femme : une Bretonne encapuchon-
née dans une grande mante et deux maories

dont l'une porte des fleurs à l'oreille, une tige
végétale et un serpent accompagnent une inscrip-
tion : Soyez amoureuses et vous serez heureuses.
Bois taillé au couteau et polychromé.
Longueur : 2,05 ; largeur : 0,40. (Gray 132).
Collection Victor Ségalen ; acquis en 1952.
Une autre relief de bois sculpté portant la même
inscription a figuré dans la collection de Mme Jean
Schuffenecker. (Boston, Museum of Fine Arts).
Cat. Impr. 450.

R.F. 2722
PANNEAU VERTICAL PROVENANT DE LA CASE
D'HIVA-OA.
Une femme nue, debout, de profil à gauche, le
bras droit levé à la hauteur du visage. A gauche
du relief, un arbuste portant des fruits rouges.
Bois taillé au couteau et polychromé.
Hauteur : 1,59 ; largeur : 0,40.
(Gray 132).
Collection Victor Ségalen ; acquis en 1952.
Cat. Impr. 451.

R.F. 2721
PANNEAU VERTICAL PROVENANT DE LA CASE
D'HIVA-OA.
Une femme nue, debout, de face, le bras gauche
posé sur la tête. A ses pieds, un arbre dont les
fruits sont d'un rouge éclatant et un petit chien.
Bois taillé au couteau et polychromé.
H. 2,00 ; L. 0,395.
(Gray 132).
Collection Victor Ségalen ; acquis en 1952.
Cat. Impr. 452.

MAAO 14392
MASQUE DE TAHITIEN.
Bronze. Hauteur : 0,25.
Vers 1893.
(Gray 110).
Don Vollard, 1944 ; dépôt du Musée des Arts
Africains et Océaniens.

R.F. 1952-30
PALETTE DE GAUGUIN.
B. H. 0,32 ; L. 0,44.
Acquis en 1952.

GOENEUTTE Norbert
Paris, 1854 - Auvers-sur-Oise, 1894.

R.F. 757
LE DOCTEUR PAUL GACHET (1828-1909).
B. H. 0,35 ; L. 0,27.
Dédicacé S.D.b.g. : A mon ami le Docteur Gachet,
Norbert Goeneutte, Paris, 1891.
Don du Dr Gachet, 1892.
Cat. Impr. 141 — S.A.I. 980. — C.P.t.l. p. 185.

GONZALÈS Eva
Paris, 1849-1883.

R.F. 2643
UNE LOGE AUX ITALIENS.
T. H. 0,98 ; L. 1,30.
S.b.g. : Eva Gonzalès.
Refusé au Salon de 1874. Exposé au Salon de
1879.
Don Jean Guérard, fils de l'artiste, 1927.
Cat. Impr. 158 — S.A.I. 982. — C.P.t.l. p. 185.

GUILLAUMIN Armand
Paris, 1841-1927.

R.F. 1954-10
CHEMIN CREUX, EFFET DE NEIGE.
T. H. 0,66 ; L. 0,55.
S.D.b.d. : A. Guillaumin, X. 69.
(Serret-Fabiani 5).
Don Paul Gachet, 1954.
Cat. Impr. 163 — S.A.I. 1028. — C.P.t.l. p. 196.

R.F. 1954-11
PÉNICHES SUR LA SEINE A BERCY.
T. H. 0,51 ; L. 0,73.
S.D.b.g. : A. Guillaumin, 1871.
(Serret-Fabiani 11).
Don Paul Gachet, 1954.
Cat. Impr. 164 — S.A.I. 1029. — C.P.t.l. p. 196.

R.F. 1954-9
NATURE MORTE. FLEURS, FAÏENCE, LIVRES.
T. H. 0,325 ; L. 0,460.
S.D.b.d. : A. Guillaumin, 7.72.
(Serret-Fabiani 14).
Don Paul Gachet, 1954.
Cat. Impr. 165 — S.A.I. 1030. — C.P.t.l. p. 196.

R.F. 1951-34
SOLEIL COUCHANT A IVRY.
T. H. 0,65 ; L. 0,81.
S.b.g. : A. Guillaumin.
Peint en 1873.
(Serret-Fabiani 20).
Don Paul Gachet, 1951.
Cat. Impr. 166 — S.A.I. 1031. — C.P.t.l. p. 196.

R.F. 1937-29
PARIS, QUAI DE BERCY, EFFET DE NEIGE.
T. H. 0,505 ; L. 0,612.
S.b.d. : A. Guillaumin.
Peint vers 1873.
(Serret-Fabiani 29).
Legs Antonin Personnaz, 1937.
Cat. Impr. 176 — S.A.I. 1041. — C.P.t.l. p. 195.

R.F. 1949-18
PORTRAIT DE L'ARTISTE.
T. H. 0,73 ; L. 0,60.
Peint vers 1875.
(Serret-Fabiani 39).
Don Paul et Marguerite Gachet, 1949.
Cat. Impr. 169 — S.A.I. 1034. — C.P.t.l. p. 196.

R.F. 1937-28
LA PLACE VALHUBERT, à Paris.
T. H. 0,645 ; L. 0,810.
S.b.d. : A. Guillaumin.
Peint vers 1875.
(Serret-Fabiani 43).
Legs Antonin Personnaz, 1937.
Cat. Impr. 168 — S.A.I. 1033. — C.P.t.l. p. 195.

R.F. 1951-35
FEMME NUE COUCHÉE.
T. H. 0,49 ; L. 0,65.
S.b.d. : A. Guillaumin.
Peint vers 1877.
(Serret-Fabiani 51).
Don Paul Gachet, 1951.
Cat. Impr. 167 — S.A.I. 1032. — C.P.t.l. p. 196.

R.F. 1937-26

PAYSAGE DE PLAINE (Ile-de-France).
T. H. 0,540 ; L. 0,655.
S.b.d. : A. Guillaumin.
Peint vers 1878.
(Serret-Fabiani 62).
Legs Antonin Personnaz, 1937.
Cat. Impr. 177 — S.A.I. 1042. — C.P.t.l. p. 195.

R.F. 1937-34
LE PORT DE CHARENTON.
T. H. 0,61 ; L. 1,00.
S.D.b.d. : A. Guillaumin, 78.
(Serret-Fabiani 69).
Legs Antonin Personnaz, 1937.
Cat. Impr. 170 — S.A.I. 1035. — C.P.t.l. p. 196.

R.F. 1937-33
LES PÊCHEURS.
T. H. 0,81 ; L. 0,66.
S.b.d. : Guillaumin.
Peint vers 1885.
(Serret-Fabiani 122).
Legs Antonin Personnaz, 1937.
Cat. Impr. 172 — S.A.I. 1037. — C.P.t.l. p. 196.

R.F. 1937-31
TOURNANT DE ROUTE, APRÈS LA PLUIE. Route de Damiette ?
T. H. 0,605 ; L. 0,738.
S.b.d. : Guillaumin.
Peint vers 1887.
Legs Antonin Personnaz, 1937.
Cat. Impr. 175 — S.A.I. 1040. — C.P.t.l. p. 196.

R.F. 1937-30
PAYSAGE EN NORMANDIE : LES POMMIERS.
T. H. 0,60 ; L. 1,00.
S.b.d. : Guillaumin.
Peint vers 1887.
(Serret-Fabiani 114).
Legs Antonin Personnaz, 1937.
Cat. Impr. 178 — S.A.I. 1043. — C.P.t.l. p. 195.

R.F. 1937-32
VUE D'AGAY (Var). Pointe du Dramont.
T. H. 0,73 ; L. 0,92.
S.b.g. : Guillaumin.
Inscription au revers : avril, mai 95, pointe du Dramont, 9 h du matin.
(Serret-Fabiani 340).
Legs Antonin Personnaz, 1937.
Cat. Impr. 174 — S.A.I. 1039. — C.P.t.l. p. 196.

R.F. 1937-27
VUE DE HOLLANDE, BATEAUX A VOILES.
T. H. 0,60 ; L. 0,73.
S.b.g. : Guillaumin.
Peint en mai-juin 1904.
(Serret-Fabiani 603).
Legs Antonin Personnaz, 1937.
Cat. Impr. 179 — S.A.I. 1044. — C.P.t.l. p. 195.

HELLEU Paul
Vannes, 1859 - Paris, 1927.

R.F. 1975-22
LE YACHT NEREUS EN RADE DE COWES.
T. H. 0,65 ; L. 0,81.
S.b.g. (deux fois) : Helleu.
Peint vers 1900.
Don de Mme Howard-Johnston, née Helleu, 1975.

JONGKIND Johan-Barthold
Latrop (Hollande), 1819 - Saint-Egrève (Isère), 1891.

R.F. 1703
RUINES DU CHATEAU DE ROSEMONT.
T. H. 0,340 ; L. 0,565.
S.D.b.g. : Jongkind, 1861.
Salon des Refusés. 1863.
(Hefting 216).
Donation Etienne Moreau-Nélaton, 1907.
Brière M. 70 — Cat. Impr. 180. — S.A.I. 1139. C.P.t.l. p. 217.

R.F. 1972-20
LA SEINE ET NOTRE-DAME DE PARIS.
T. H. 0,42 ; L. 0,565.
S.D.b.g. : Jongkind 1864.
(Hefting 291).
Legs Eduardo Mollard, 1972.

R.F. 1990
EN HOLLANDE, LES BARQUES PRÈS DU MOULIN.
T. H. 0,525 ; L. 0,813.
S.D.b.g. : Jongkind, 1868.
(Hefting 455).
Legs Camondo, 1911.
Brière CA. 171 — Cat. Impr. 181. — S.A.I. 1140. C.P.t.l. p. 217.

R.F. 1291
LA MEUSE A DORDRECHT.
T. H. 0,250 ; L. 328.
S.D.b.g. : Jongkind, 1870.
Legs Georges Lutz, 1902.
C.P.t.l. p. 217.

R.F. 1972-21
RUE DE L'ABBÉ-DE-L'ÉPÉE.
T. H. 0,47 ; L. 0,335.
S.D.b.g. : Jongkind, 1872.
(Hefting 580).
Legs Eduardo Mollard, 1972.

LEBOURG Charles-Albert
Montfort-sur-Risle (Eure), 1849 - Rouen, 1928.

R.F. 1937-40
LE PORT D'ALGER.
T. H. 0,312 ; L. 0,470.
S.D.b.g. : A. Lebourg, Alger, 76.
(Bénédite 15).
Legs Antonin Personnaz, 1937.
Cat. Impr. 183 — S.A.I. 1157. — C.P.t.l. p. 230.

R.F. 3795
ROUTE AU BORD DE LA SEINE, A NEUILLY, EN HIVER.
T. H. 0,50 ; L. 0,73.
S.b.g. : Albert Lebourg, Neuilly-sur-Seine.
Peint vers 1888.
(Bénédite 963).
Legs Etienne Moreau-Nélaton, 1927.
Cat. Impr. 182 — S.A.I. 1156. — C.P.t.l. p. 230.

R.F. 3793
BORDS DE L'AIN.
T. H. 0,500 ; L. 0,655.
S.b.g. : A. Lebourg.
Peint en 1897.
(Bénédite 5).

Legs Etienne Moreau-Nélaton, 1927.
Cat. Impr. 185 — S.A.I. 1159. — C.P.t.l. p. 230.

INV. 20052
L'ÉCLUSE DE LA MONNAIE, A PARIS.
T. H. 0,815 ; L. 1,155.
S.b.d. : A. Lebourg.
(Bénédite p. 301).
Acquis en 1918.
Cat. Impr. 184 — S.A.I. 1158. — C.P.t.l. p. 230.

R.F. 1973-6
LA NEIGE A PONT-DU-CHATEAU.
T. H. 0,40 ; L. 0,735.
S.b.g. : Albert (illisible) Lebourg.
Attribué par le Ministère de l'Economie et des
Finances, 1974.

R.F. 1973-4
REMORQUEURS A ROUEN.
T. H. 0,50 ; L. 0,735.
S.D.b.g. : A. Lebourg 1903.
(Bénédite 1371).
Attribué par le Ministère de l'Economie et des
Finances, 1974.

LÉPINE Stanislas
Caen, 1836 - Paris, 1892.

R.F.1938-5
LE PORT DE CAEN.
T. H. 0,723 ; L. 0,915.
S.b.g. : S. Lépine.
Peint vers 1859.
Don Paul Jamot, 1938.
Cat. Impr. 186 — S.A.I. 1171. — C.P.t.l. p. 240.

R.F. 2672
LE FILS DE L'ARTISTE.
B. H. 0,247 ; L. 0,138.
Don de M. Lépine, petit-fils de l'artiste, 1928.
Cat. Impr. 188 — S.A.I. 1173. — C.P.t.l. p. 240.

R.F. 1972-22
CHALAND A QUAI
T. H. 0,37 ; L. 0,54.
S.b.g. : S. Lépine.
Legs Eduardo Mollard, 1972.

R.F. 1972-23
LA SEINE A CHARENTON.
T. H. 0,38 ; L. 0,60.
S.b.g. : S. Lépine.
Legs Eduardo Mollard, 1972.

R.F. 1972-24
MONTMARTRE, RUE SAINT-VINCENT.
T. H. 0,675 ; L. 0,485.
S.b.g. : S. Lépine.
Legs Eduardo Mollard, 1972.

R.F. 1972-25
QUAIS DE LA SEINE, PONT-MARIE.
T. H. 0,30 ; L. 0,50.
S.D.b.g. : S. Lépine 68.
Legs Eduardo Mollard, 1972.

R.F. 1972-26
PAYSAGE.
T. H. 0,30 ; L. 0,585.
S.D.b.g. : S. Lépine 69.
Legs Eduardo Mollard, 1972.

R.F. 869
LE MARCHÉ AUX POMMES.
T. H. 0,35 ; L. 0,27.
Salon de 1889. Acquis en 1893.
Cat. Impr. 187 — S.A.I. 1172. — C.P.t.l. p. 240.

LÉVY Michel

R.F. 1971-10
PORTRAIT DE GUERBOIS (1824-1891).
propriétaire du Café Guerbois.
T. H. 0,46 ; L. 0,38.
S.h.d. : Michel Lévy.
Dédicacé au revers : Dédié à ma petite fille
Mademoiselle Jenny Mitton.
Peint vers 1885.
Don de M. et Mme J. Taillandier, 1971.

MANET Edouard
Paris, 1832-1883.

R.F. 1977-12
M. et Mme AUGUSTE MANET
(LES PARENTS DE L'ARTISTE).
T. H. 1,10 ; L. 0,90.
S.h.g. : Edouard Manet, 1860.
Salon de 1861.
(Tabarant 37. Jamot et Wildenstein 37). RW I 30.
Acquis grâce à la générosité de la famille Rouart-
Manet, de Mme Jeannette Veil-Picard, et d'un
donateur étranger, 1977.

R.F. 1991
LOLA DE VALENCE, danseuse espagnole.
T. H. 1,23 ; L. 0,92.
S.b.g. : Ed. Manet.
Peint en 1862.
(Tabarant 52. Jamot et Wildenstein 46). RW I 53.
Legs Camondo, 1911.
Brière CA 172 — Cat. Impr. 189 — S.A.I. 1188,
C.P.t.l. p. 249.

R.F. 1668.
LE DÉJEUNER SUR L'HERBE.
T. H. 2,080 ; L. 2,645.
S.D.b.g. : Ed. Manet, 1863.
Salon des Refusés, 1863.
(Tabarant 66. Jamot et Wildenstein 79). RW I 67.
Donation Etienne Moreau-Nélaton, 1906.
Brière M. 71. — Cat. Impr. 190 — S.A.I. 1189.
C.P.t.l. p. 249.

R.F. 644
OLYMPIA.
T. H. 1,305 ; L. 1,900.
S.D.b.g. : Ed. Manet, 1863.
Salon de 1865.
(Tabarant 68. Jamot et Wildenstein 82). RW I 69.
Offert à l'Etat par souscription publique sur l'ini-
tiative de Claude Monet, 1890.
Brière 613 a. — Cat. Impr. 191 — S.A.I. 1190.
C.P.t.l. p. 249.

R.F. 1995
BRANCHE DE PIVOINES BLANCHES
ET SÉCATEUR.
T. H. 0,310 ; L. 0,465.
S.b.d. (de la main de Mme Manet) : Manet.
Peint en 1864.
(Tabarant 81. Jamot et Wildenstein 105). RW I 88.
Legs Camondo, 1911.

Brière CA. 175. — Cat. Impr. 195 — S.A.I. 1194.
C.P.t.l. p. 250.

R.F. 1996.
TIGE DE PIVOINES ET SÉCATEUR.
T. H. 0;568 ; L. 0,460.
S.b.g. : M.
Peint vers 1864.
(Tabarant 80. Jamot et Wildenstein 143). RW I 91.
Legs Camondo, 1911.
Brière CA. 176. — Cat. Impr. 194 — S.A.I. 1192.
C.P.t.l. p. 250.

R.F. 1670
NATURE MORTE : FRUITS SUR UNE TABLE.
T. H. 0,450 ; L. 0,735.
S.b.d. : Manet. Peint en 1864.
(Tabarant 91. Jamot et Wildenstein 100). RW I 83.
Donation Etienne Moreau-Nélaton, 1906.
Brière M. 73. — Cat. Impr. 192 — S.A.I. 1195.
C.P.t.l. p. 249.

R.F. 1951-9
ANGUILLE ET ROUGET.
T. H. 0,380 ; L. 0,465.
S.b.g. : Manet.
Peint en 1864.
(Tabarant 89. Jamot et Wildenstein 98). RW I 81.
Don du Dr et de Mme Albert Charpentier, 1951.
Cat. Impr. 193 — S.A.I. 1191. — C.P.t.l. p. 251.

R.F. 1669.
VASE DE PIVOINES SUR PIÉDOUCHE.
T. H. 0,932 ; L. 0,702.
S.b.d. : Manet.
Peint en 1864.
(Tabarant 79. Jamot et Wildenstein 101). RW I 86.
Donation Etienne Moreau-Nélaton, 1906.
Brière M. 72. — Cat. Impr. 196 — S.A.I. 1193.
C.P.t.l. p. 249.

R.F. 3664
ANGÉLINA.
T. H. 0,92 ; L. 0,73.
S.b.d. : Manet.
Peint en 1865.
(Tabarant 109. Jamot et Wildenstein 118). RW I 105.
Legs Gustave Caillebotte, 1894, entré en 1896.
Cat. Impr. 197 — S.A.I. 1196. — C.P.t.l. p. 251.

R.F. 1976-8
COMBAT DE TAUREAUX.
T. H. 0,90 ; L. 1,105.
S.b.d. : Manet.
Peint fin 1865 ou début 1866.
(Tabarant 120. Jamot et Wildenstein 120). RW I 107.
Acquis par dation en paiement de droits de succes-
sion et avec la collaboration des Amis du Louvre,
1976.

R.F. 1992
LE FIFRE.
T. H. 1,61 ; L. 0,97.
S.b.d. : Manet.
Peint en 1866.
(Tabarant 117. Jamot et Wildenstein 126). RW I 113.
Legs Camondo, 1911.
Brière CA. 173 — Cat. Impr. 198 — S.A.I. 1197.
C.P.t.l. p. 249.

R.F. 1944-17
LA LECTURE. Mme Edouard Manet (1830-1906)
et son fils, Léon Koella-Leenhoff (1852-1927).

T. H. 0,605 ; L. 0,735.
S.b.d. : Manet.
Peint vers 1868.
(Tabarant 143. Jamot et Wildenstein 167). RW I 136.
Legs de la princesse Edmond de Polignac, née
Singer, 1944.
Cat. Impr. 201 — S.A.I. 1200. — C.P.t.l. p. 251.

R.F. 2205
ÉMILE ZOLA (1840-1902), écrivain.
T. H. 1,463 ; L. 1,140.
Salon de 1868.
(Tabarant 137. Jamot et Wildenstein 146). RW I 128.
Donation de Mme Emile Zola sous réserve d'usu-
fruit, 1918 ; entré en 1925.
Cat. Impr. 200 — S.A.I. 119 — C.P.t.l. p. 250.

R.F. 1994
MADAME MANET AU PIANO. Suzanne Leenhoff
(1830-1906), femme de l'artiste.
T. H. 0,380 ; L. 0,465.
Peint vers 1868.
(Tabarant 142. Jamot et Wildenstein 142). RW I 131.
Legs Camondo, 1911.
Brière CA 174 — Cat. Impr. 199 — S.A.I. 1198.
C.P.t.l. p. 250.

R.F. 2772
LE BALCON. Berthe Morisot (1841-1895), peintre
Fanny Clausz (1846-1877), violoniste, et Antoine
Guillemet (1843-1918), paysagiste.
T. H. 1,700 ; L. 1,245.
S.b.d. : Manet.
Peint vers 1868-69.

Salon de 1869.
(Tabarant 141. Jamot et Wildenstein 150). RW I 134.
Legs Gustave Caillebotte, 1894 ; entré en 1896.
Cat. Impr. 202 — S.A.I. 1201. — C.P.t.l. p. 251.

R.F. 1993
CLAIR DE LUNE SUR LE PORT DE BOULOGNE.
T. H. 0,82 ; L. 1,01.
S.b.g. : Manet.
Peint en 1869.
(Tabarant 150. Jamot et Wildenstein 159). RW I 143.
Legs Camondo, 1911.
Brière CA. 177 — Cat. Impr. 203 — S.A.I. 1202.
C.P.t.l. p. 249.

R.F. 1671
BERTHE MORISOT A L'ÉVENTAIL. Berthe Morisot
(1841-1895), peintre, belle-sœur de l'artiste.
T. H. 0,60 ; L. 0,45.
S. vers le b.g. : Manet.
Peint en 1872.
(Tabarant 186. Jamot et Wildenstein 210). RW I 181.
Donation Etienne Moreau-Nélaton, 1906.
Brière M. 74 — Cat. Impr. 204 — S.A.I. 1203.
C.P.t.l. p. 249.

R.F. 1953-24
SUR LA PLAGE. Mme Edouard Manet
(1830-1906) et Eugène Manet (1833-1892),
femme et frère de l'artiste, à Berck.
T. H. 0,596 ; L. 0,732.
S.b.d. : Manet.
Peint durant l'été 1873.
Ancienne collection Jacques Doucet.
(Tabarant 188. Jamot et Wildenstein 224). RW I 188.
Donation Jean-Edouard Dubrujeaud sous réserve
d'usufruit, 1953 ; entré au Louvre en 1970.
C.P.t.l. p. 251.

R.F. 2850
LA DAME AUX ÉVENTAILS. Nina de Callias
(1845-1884), musicienne et artiste.
T. H. 1,135 ; L. 1,665.
S.b.d. : Manet.
Peint en 1873.
(Tabarant 224. Jamot et Wildenstein 237 bis).
RW I 208.
Don de M. et Mme Ernest Rouart, 1930.
Cat. Impr. 206 — S.A.I. 1204. — C.P.t.l. p. 251.

R.F. 1945-4
MARGUERITE DE CONFLANS
plus tard Mme d'Angély.
T. ovale. H. 0,535 ; L. 0,645.
Peint vers 1875-77.
(Tabarant 215 bis).
Legs de Mlle d'Angély, fille du modèle, 1945.
Cat. Impr. 205 — S.A.I. 1205. — C.P.t.l. p. 251.

R.F. 4507
MADAME MANET SUR UN CANAPÉ BLEU.
Pastel. H. 0,49 ; L. 0,60.
En bas à droite : E. Manet (au crayon de la main
de Mme Vve Edouard Manet).
Exécuté vers 1874-78.
(Tabarant 455. Jamot et Wildenstein 311). RW II 3.
Acquis par le Louvre en 1918.
Dépôt du Cabinet des Dessins.
Cat. Impr. 207 — S.A.I. 1207.

R.F. 2661
STÉPHANE MALLARMÉ (1842-1898), poète.
T. H. 0,275 ; L. 0,360.
S.D.b.g. : Manet, 76 (date inscrite postérieurement
par M. Manet).
(Tabarant 265. Jamot et Wildensgein 265). RW I 249.
Acquis en 1928, avec le concours de la Société
des Amis du Louvre et de D. David-Weill.
Cat. Impr. 208 — S.A.I. 1208. — C.P.t.l. p. 250.

R.F. 2637
LA BLONDE AUX SEINS NUS.
T. H. 0,625 ; L. 0,520.
M.b.g. : E. M.
Peint vers 1878.
(Tabarant 286. Jamot et Wildenstein 257). RW I 176.
Legs Etienne Moreau-Nélaton, 1927.
Cat. Impr. 209 — S.A.I. 1209. — C.P.t.l. p. 250.

R.F. 1959-4
LA SERVEUSE DE BOCKS.
T. H. 0,775 ; L. 0,650.
S.b.d. (de la main de Mme Manet) : E. Manet.
Partie droite d'une composition coupée par l'ar-
tiste : «Le café-concert de Reischoffen». (Partie
gauche : «Au café» dans la coll. Reinhart,
Winterthur).
Peint en 1878-1879.
(Tabarant 299. Jamot et Wildenstein 336). RW I 311.
Ancienne coll. Matsukata. Entré au Louvre en
1959, en application du traité de paix avec le
Japon.
Cat. Impr. 211 — S.A.I. 1210. — C.P.t.l. p. 251.

R.F. 4519
MADAME ÉMILE ZOLA.
Pastel. T. H. 0,52 ; L. 0,44.
S.b.g. : Manet.
Vers 1879-80.
(Tabarant 477. Jamot et Wildenstein 448). RW II 13.
Légué par Mme Emile Zola en 1918 ; entré au

Louvre en 1925.
Dépôt du Cabinet des Dessins.
Cat. Impr. 212 — S.A.I. 1211.

R.F. 2641
·GEORGES CLEMENCEAU (1841-1929), homme
politique.
T. H. 0,945 ; L. 0,740 (inachevé et coupé sur les
côtés et en bas).
Peint en 1879.
(Tabarant 322. Jamot et Wildenstein 372). RW I 330.
Don de Mrs. Louisine W. Havemeyer, New York,
1927.
Cat. Impr. 213 — S.A.I. 1215. — C.P.t.l. p. 250.

R.F. 1997
LE CITRON.
T. H. 0,14 ; L. 0,22.
S.b.d. (de la main de Mme Manet) : E. Manet.
Peint en 1880.
(Tabarant 370. Jamot et Wildenstein 409). RW I 360.
Legs Camondo, 1911.
Brière CA. 178 — Cat. Impr. 214 — S.A.I. 1216.
C.P.t.l. p. 252.

R.F. 1959-18
L'ASPERGE.
T. H. 0,165 ; L. 0,215.
M.h.d. : M.
Peint en 1880.
(Tabarant 360. Jamot et Wildenstein 388). RW I 358.
Don Sam Salz, 1959.
S.A.I. 1214. — C.P.t.l. p. 252.

R.F. 3392
DOCTEUR MATERNE.
T. pastel. H. 0,55 ; L. 0,347.
M.b.g. : E. M.
V. 1880.
(Tabarant 488. Jamot et Wildenstein 479). RW II 50.
Donation Etienne Moreau-Nélaton, 1906.
Dépôt du Cabinet des Dessins.
Cat. Impr. 217 — S.A.I. 1213.

M.N.R. 631
ŒILLETS ET CLÉMATITE DANS UN VASE DE
CRISTAL.
T. H. 0,560 ; L. 0,355.
S.b.d. : Manet.
Peint vers 1882.
(Tabarant 444. Jamot et Wildenstein 506). RW I 423.
Attribué au Musée du Louvre par l'Office des Biens
privés, 1951.
Cat. Impr. 218 — S.A.I. 1219. — C.P.t.l. p. 252.

MONET Claude-Oscar
Paris, 1840 - Giverny (Eure), 1926.

M.N.R. 136
COIN D'ATELIER.
T. H. 1,82 ; L. 1,27.
S.D. vers le b.d. : O. Monet, 61
(D.W.I. 6).
Attribué au Musée du Louvre par l'Office des Biens
privés, 1950.
Cat. Impr. 220 — S.A.I. 1342. — C.P.t.l. p. 275.

M.N.R. 213
TROPHÉE DE CHASSE.
T. H. 1,04 ; L. 0,75.
S.D.b.d. : O. C. Monet, 62.

(D.W.I. 10).
Attribué au Musée du Louvre par l'Office des Biens
privés, 1950.
Cat. Impr. 221 — S.A.I. 1343. — C.P.t.l. p. 275.

R.F. 1675
NATURE MORTE.
T. H. 0,24 ; L. 0,33.
S.b.g. : M.
Peint en 1864.
(D.W.I. 14).
Donation Etienne Moreau-Nélaton, 1906.
Brière M. 75 — Cat. Impr. 222 — S.A.I. 1344.
C.P.t.l. p. 270.

R.F. 3703
COUR DE FERME EN NORMANDIE.
T. H. 0,650 ; L. 0,813.
S.b.d. : C. Monet.
Peint vers 1864.
(D.W.I. 16).
Legs de M. et Mme Raymond Koechlin, 1931.
Cat. Impr. 223 — S.A.I. 1345. — C.P.t.l. p. 274.

R.F. 1672
LE PAVÉ DE CHAILLY (Forêt de Fontainebleau).
T. H. 0,435 ; L. 0,590.
S.b.g. : C. Monet.
Peint en 1865.
(D.W.I. 56).
Donation Etienne Moreau-Nélaton, 1906.
Brière M. 76 — Cat. Impr. 224 — S.A.I. 1346.
C.P.t.l. p. 270.

R.F. 2011
LA CHARRETTE. ROUTE SOUS LA NEIGE
A HONFLEUR.
T. H. 0,650 ; L. 0,925.
S.b.g. : Claude Monet.
Peint vers 1867.
(D.W.I. 50).
Legs Camondo, 1911.
Brière CA. 179 — Cat. Impr. 225 — S.A.I. 1347.
C.P.t.l. p. 272.

R.F. 1957-7
FRAGMENT DU «DÉJEUNER SUR L'HERBE»
(partie gauche).
T. H. 4,18 ; L. 1,50.
Peint en 1865-1866.
(D.W.I. 63a).
Don Georges Wildenstein, 1957.
Cat. Impr. 226 — S.A.I. 1348. — C.P.t.l. p. 275.

M.N.R. 216
JARDIN EN FLEURS.
T. H. 0,65 ; L. 0,54.
S.b.g. : Claude Monet.
Peint vers 1866.
(D.W.I. 69).
Attribué au Musée du Louvre par l'Office des Biens
privés, 1950.
Cat. Impr. 227 — S.A.I. 1349. — C.P.t.l. p. 275.

R.F. 2773
FEMMES AU JARDIN.
T. H. 2,55 ; L. 2,05.
S.b.d. : Claude Monet.
(D.W.I. 67).
Peint en 1867.
Acquis en 1921.
Cat. Impr. 228 — S.A.I. 1351. — C.P.t.l. p. 273.

R.F. 1951-20
MADAME GAUDIBERT, femme d'un armateur du
Havre.
T. H. 2,170 ; L. 1,385.
S.D.b.d. : Claude Monet, 1868.
(D.W.I. 121).
Acquis sur les arrérages d'une donation anonyme
canadienne, 1951.
Cat. Impr. 229 — S.A.I. 1352. — C.P.t.l. p. 275.

R.F. 1678
GROSSE MER A ÉTRETAT.
T. H. 0,66 ; L. 1,31.
S.b.g. : Claude Monet.
Peint vers 1868.
(D.W.I. 127).
Donation Etienne Moreau-Nélaton, 1906.
Brière M. 83 — Cat. Impr. 239. — S.A.I. 1361.
C.P.t.l. p. 270.

R.F. 1947-30
HÔTEL DES ROCHES NOIRES. TROUVILLE.
T. H. 0,811 ; L. 0,583.
S.D.b.d. : Claude Monet/1870.
(D.W.I. 155).
Donation de M. Jacques Laroche sous réserve
d'usufruit, 1947 ; entré en 1976.

M.N.R. 218
TRAIN DANS LA CAMPAGNE.
T. H. 0,50 ; L. 0,65.
S.b.g. : Claude Monet.
Peint vers 1870-71.
(D.W.I. 153).
Attribué au Musée du Louvre par l'Office des Biens
privés, 1950.
Cat. Impr. 230 — S.A.I. 1350. — C.P.t.l. p. 276.

R.F. 1677
CHASSE-MARÉE A L'ANCRE.
T. H. 0,48 ; L. 0,75.
S.b.d. : Claude Monet.
Peint vers 1871.
(D.W.I. 207).
Donation Etienne Moreau-Nélaton, 1906.
Brière M. 78 — Cat. Impr. 232. — S.A.I. 1354.
C.P.t.l. p. 270.

R.F. 3665
MADAME MONET AU CANAPÉ. Camille Doncieux
(1847-1879), première femme de l'artiste.
T. H. 0,48 ; L. 0,75.
S.b.g. : Claude Monet.
Peint vers 1871.
(D.W.I. 163).
Legs de M. et Mme Raymond Koechlin, 1931.
Cat. Impr. 233 — S.A.I. 1355. — C.P.t.l. p. 273.

R.F. 1673
ZAANDAM (Hollande).
T. H. 0,478 ; L. 0,730.
S.b.g. : Claude Monet.
Peint en 1871.
(D.W.I. 183).
Donation Etienne Moreau-Nélaton, 1906.
Brière M. 77 — Cat. Impr. 231. — S.A.I. 1353.
C.P.t.l. p. 270.

R.F. 1961-4
ARGENTEUIL.
T. H. 0,50 ; L. 0,65.
S.D.b.g. : Claude Monet, 72.

(D.W.I. 230).
Legs de M. et Mme Frédéric Lung, 1961.
C.P.t.l. p. 275.

R.F. 2778
RÉGATES A ARGENTEUIL.
T. H. 0,48 ; L. 0,75.
S.b.d. : Claude Monet.
Peint vers 1872.
(D.W.I. 233).
Legs Gustave Caillebotte, 1894 ; entré en 1896.
Cat. Impr. 234 — S.A.I. 1356. — C.P.t.l. p. 273.

M.N.R. 855
PAYSAGE VUE DE PLAINE A ARGENTEUIL.
T. H. 0,53 ; L. 0,72.
S.D.b.d. : 72, Claude Monet.
(D.W.I. 220).
Attribué au Musée du Louvre par l'Office des Biens
privés, 1951.
Cat. Impr. 235 — S.A.I. 1357. — C.P.t.l. p. 276.

R.F. 1674
CARRIÈRES-SAINT-DENIS.
T. H. 0,61 ; L. 0,81.
S.D.b.g. : Claude Monet, 72 et
b.d. : Claude Monet.
(D.W.I. 237).
Donation Etienne Moreau-Nélaton, 1906.
Brière M. 79 — Cat. Impr. 237. — S.A.I. 1359.
C.P.t.l. p. 270.

R.F. 1937-43
LE RUISSEAU DE ROBEC, à Rouen.
T. H. 0,50 ; L. 0,65.
S.D.b.d. : Claude Monet, 72.
(D.W.I. 206).
Legs Antonin Personnaz, 1937.
Cat. Impr. 236 — S.A.I. 1358. — C.P.t.l. p. 274.

R.F. 1679
LE PONT DU CHEMIN DE FER A ARGENTEUIL
(Val-d'Oise).
T. H. 0,54 ; L. 0,71.
S.b.d. : Claude Monet.
Peint vers 1873.
(D.W.I. 319).
Donation Etienne Moreau-Nélaton, 1906.
Brière M. 82 — Cat. Impr. 241. — S.A.I. 1363.
C.P.t.l. p. 270.

R.F. 1680
LE REPOS SOUS LES LILAS.
T. H. 0,500 ; L. 0,657.
S.b.d. : Claude Monet.
Peint vers 1873.
(D.W.I. 203).
Donation Etienne Moreau-Nélaton, 1906.
Brière M. 81 — Cat. Impr. 242. — S.A.I. 1364.
C.P.t.l. p. 270.

R.F. 1676
LES COQUELICOTS.
T. H. 0,50 ; L. 0,65.
S.D.b.g. : Claude Monet, 73.
(D.W.I. 274).
Donation Etienne Moreau-Nélaton, 1906.
Brière M. 80 — Cat. Impr. 238. — S.A.I. 1360.
C.P.t.l. p. 270.

R.F. 1951-13
LA SEINE A ARGENTEUIL.
T. H. 0,503 ; L. 0,610.
S.b.d. : Claude Monet.
Peint en 1873.
(D.W.I. 198).
Don du Dr et de Mme Albert Charpentier, 1951.
Cat. Impr. 242 a — S.A.I. 1366. — C.P.t.l. p. 274.

R.F. 2437
BATEAUX DE PLAISANCE.
T. H. 0,49 ; L. 0,65.
S.b.g. : Claude Monet.
Peint vers 1873.
(D.W.I. 229).
Donation Ernest May sous réserve d'usufruit,
1923 ; entré en 1926.
Cat. Impr. 240 — S.A.I. 1362. — C.P.t.l. p. 272.

R.F. 2774
LE DÉJEUNER.
T. H. 1,60 ; L. 2,01.
S.b.d. : Claude Monet.
Peint vers 1873.
(D.W.I. 285).
Legs Gustave Caillebotte, 1894 ; entré en 1896.
Cat. Impr. 243 — S.A.I. 1365. — C.P.t.l. p. 273.

R.F. 1937-41
LE PONT D'ARGENTEUIL.
T. H. 0,605 ; L. 0,800.
S.D.b.d. : Claude Monet, 74.
(D.W.I. 311).
Legs Antonin Personnaz, 1937.
Cat. Impr. 245 — S.A.I. 1368. — C.P.t.l. p. 274.

R.F. 2008
LES BARQUES. RÉGATES A ARGENTEUIL.
T. H. 0,60 ; L. 1,00.
S.b.d. : Cl. Monet.
Peint en 1874.
(D.W.I. 339).
Legs Camondo, 1911.
Brière CA. 180 — Cat. Impr. 244. — S.A.I. 1367.
C.P.t.l. p. 271.

R.F. 2776
UN COIN D'APPARTEMENT.
T. H. 0,815 ; L. 0,605.
S.D.b.m. : Claude Monet, 75.
(D.W.I. 365).
Legs Gustave Caillebotte, 1894 ; entré en 1896.
Cat. Impr. 247 — S.A.I. 1370. — C.P.t.l. p. 273.

R.F. 2705
LES TUILERIES. Etude.
T. H. 0,50 ; L. 0,75.
S.D.b.g. : Claude Monet, 75.
(D.W.I. 403).
Legs Gustave Caillebotte, 1894 ; entré en 1896.
Cat. Impr. 246 — S.A.I. 1369. — C.P.t.l. p. 272.

R.F. 2010
LE BASSIN D'ARGENTEUIL.
T. H. 0,600 ; L. 0,805.
S.b.g. : Claude Monet.
Peint en 1875.
(D.W.I. 225).
Legs Camondo, 1911.
Brière CA. 181 — Cat. Impr. 248. — S.A.I. 1371.

R.F. 1944-18
LES DINDONS.
T. H. 1,744 ; L. 1,725.
S.D.b.d. : Claude Monet, 77.
(D.W.I. 416).
Legs de la princesse Edmond de Polignac, née
Singer, 1944.
Cat. Impr. 250 — S.A.I. 1373. — C.P.t.l. p. 274.

R.F. 2775
LA GARE SAINT-LAZARE.
T. H. 0,755 ; L. 1,040.
S.D.b.d. : 1877, Claude Monet.
(D.W.I. 438).
Legs Gustave Caillebotte, 1894 ; entré en 1896.
Cat. Impr. 249 — S.A.I. 1372. — C.P.t.l. p. 273.

R.F. 1951-36
CHRYSANTHÈMES.
T. H. 0,545 ; L. 0,650.
S.b.g. : Claude Monet. D.b.d. : 1878.
(D.W.I. 492).
Don Paul Gachet, 1951.
Cat. Impr. 251 — S.A.I. 1374. — C.P.t.l. p. 275.

R.F. 3755
ÉGLISE DE VÉTHEUIL. NEIGE.
T. H. 0,52 ; L. 0,71.
S.b.g. : Claude Monet.
Peint pendant l'hiver 1878-1879.
(D.W.I. 506).
Legs Gustave Caillebotte, 1894 ; entré en 1896.
Cat. Impr. 252 — S.A.I. 1375. — C.P.t.l. p. 274.

R.F. 1973-18
ÉGLISE DE VÉTHEUIL.
T. H. 0,653 ; L. 0,505.
S.b.g. : Claude Monet ; D.b.d. : 1879.
(D.W.I. 505).
Donation M. et R. Kaganovitch, 1973.

R.F. 1963-3
CAMILLE SUR SON LIT DE MORT.
Camille Doncieux (1847-1879),
première femme de l'artiste.
T. H. 0,90 ; L. 0,68.
Cachet b.d. : Claude Monet.
Peint en 1879.
(D.W.I. 543).
Don de Mme Katia Granoff, 1963.
C.P.t.l. p. 275.

R.F. 1998
LA SEINE A VÉTHEUIL (Val-d'Oise).
EFFET DE SOLEIL APRÈS LA PLUIE.
T. H. 0,60 ; L. 0,81.
S.D.b.g. : Claude Monet, 1879.
(D.W.I. 528).
Legs Camondo, 1911.
Brière CA. 182 — Cat. Impr. 254. — S.A.I. 1377.
C.P.t.l. p. 270.

R.F. 2639
PAYSAGE. VÉTHEUIL.
T. H. 0,600 ; L. 0,735.
S.D.b.d. : Claude Monet, 79.
(D.W.I. 526).
Legs Etienne Moreau-Nélaton, 1927.
Cat. Impr. 253 — S.A.I. 1376. — C.P.t.l. p. 272.

R.F. 1937-3
LA SEINE A VÉTHEUIL.
T. H. 0,435 ; L. 0,705.
S.b.d. : Cl. M.
Peint vers 1879-82.
(D.W.I. 532).
Don du Dr et de Mme Albert Charpentier, 1937.
Cat. Impr. 255 — S.A.I. 1378. — C.P.t.l. p. 274.

R.F. 2706
LE GIVRE.
T. H. 0,61 ; L. 1,00.
S.D.b.d. : 1880, Claude Monet.
(D.W.I. 555).
Legs Gustave Caillebotte, 1894 ; entré en 1896.
Cat. Impr. 256 — S.A.I. 1379. — C.P.t.l. p. 272.

R.F. 1965-10
DÉBÂCLE SUR LA SEINE.
T. H. 0,60 ; L. 1,00.
S.D.b.d. : Claude Monet, 1880.
(D.W.I. 567).
Donation de la baronne Eva Gebhard-Gourgaud,
1965.
C.P.t.l. p. 275.

R.F. 1937-42
ÉTRETAT.
T. H. 0,66 ; L. 0,81.
S.D.b.d. : Claude Monet, 83.
Legs Antonin Personnaz, 1937.
Cat. Impr. 257 — S.A.I. 1380. — C.P.t.l. p. 274.

R.F. 2009
LA SEINE A PORT-VILLEZ (Yvelines).
T. H. 0,65 ; L. 0,92.
S.b.g. : Claude Monet.
Peint en 1883.
Legs Camondo, 1911.
Brière CA. 183 — Cat. Impr. 258. — S.A.I. 1381.
C.P.t.l. p. 272.

R.F. 1944-19
CHAMPS DE TULIPES EN HOLLANDE.
T. H. 0,655 ; L. 0,815.
S.D.b.g. : Claude Monet, 86.
Legs de la princesse Edmond de Polignac, née
Singer, 1944.
Cat. Impr. 261 — S.A.I. 1384. — C.P.t.l. p. 274.

R.F. 2777
LES ROCHERS DE BELLE-ILE.
T. H. 0,650 ; L. 0,815.
S.D.b.d. : Claude Monet, 86.
Legs Gustave Caillebotte, 1894 ; entré en 1896.
Cat. Impr. 259 — S.A.I. 1382. — C.P.t.l. p. 273.

R.F. 3163
TEMPÊTE, CÔTES DE BELLE-ILE.
T. H. 0,650 ; L. 0,815.
S.D.b.g. : Claude Monet, 86.
Legs Gaston Migeon, 1931.
Cat. Impr. 260 — S.A.I. 1383. — C.P.t.l. p. 273.

R.F. 2620
FEMME A L'OMBRELLE TOURNÉE
VERS LA DROITE. Suzanne Hoschedé (1899),
fille de la seconde femme de l'artiste.
T. H. 1,31 ; L. 0,88.
S.D.b.d. : Claude Monet, 86.
Don Michel Monet, fils de l'artiste, 1927.
Cat. Impr. 262 — S.A.I. 1385. — C.P.t.l. p. 272.

R.F. 2621
FEMME A L'OMBRELLE TOURNÉE
VERS LA GAUCHE. Suzanne Hoschedé (1899),
fille de la seconde femme de l'artiste.
T. H. 1,31 ; L. 0,88.
S.D.b.g. : Claude Monet, 86.
Don Michel Monet, fils de l'artiste, 1927.
Cat. Impr. 263 — S.A.I. 1386. — C.P.t.l. p. 272.

R.F. 1944-20
LA BARQUE A GIVERNY.
Les filles de Mme Hoschedé, seconde femme de
l'artiste.
T. H. 0,98 ; L. 1,31.
S.b.d. : Claude Monet.
Peint vers 1887.
Legs de la princesse Edmond de Polignac, née
Singer, 1944.
Cat. Impr. 264 — S.A.I. 1387. — C.P.t.l. p. 274.

R.F. 1975-3
LES MEULES.
T. H. 0,605 ; L. 1,005.
S.D.b.g. : Claude Monet 91.
Acquis en 1975.

R.F. 1999
LA CATHÉDRALE DE ROUEN, LE PORTAIL,
TEMPS GRIS.
T. H. 1,00 ; L. 0,65.
S.D.b.g. : Claude Monet, 94.
Legs Camondo, 1911.
Brière CA. 184 — Cat. Impr. 265. — S.A.I. 1388.
C.P.t.l. p. 271.

R.F. 2000
LA CATHÉDRALE DE ROUEN, LE PORTAIL,
SOLEIL MATINAL. HARMONIE BLEUE
T. H. 0,91 ; L. 0,63.
S.D.b.d. : Claude Monet, 94.
Legs Comondo, 1911.
Brière CA. 185 — Cat. Impr. 266 — S.A.I. 1389.
C.P.t.l. p. 271.

R.F. 2001
LA CATHÉDRALE DE ROUEN, LE PORTAIL
ET LA ROUR SAINT-ROMAIN, EFFET DU MATIN.
HARMONIE BLANCHE.
T. H. 1,06 ; L. 0,73.
S.D.b.g. : Claude Monet, 94.
Legs Camondo, 1911.
Brière CA. 186 — Cat. Impr. 267 — S.A.I. 1391.

R.F. 2002
LA CATHÉDRALE DE ROUEN, LE PORTAIL
ET LA TOUR SAINT-ROMAIN, PLEIN SOLEIL.
HARMONIE BLEUE ET OR.
T. H. 1,07 ; L. 0,73.
S.D.b.g. : Claude Monet, 94.
Legs Camondo, 1911.
Brière CA. 187 — Cat. Impr. 268. — S.A.I. 1390.
C.P.t.l. p. 271.

R.F. 2779
LA CATHÉDRALE DE ROUEN. HARMONIE BRUNE.
T. H. 1,07 ; L. 0,73.
S.D.b.g. : Claude Monet, 94.
Acquis 1907.
Cat. Impr. 269 — S.A.I. 1392. — C.P.t.l. p. 273.

R.F. 1967-7
LE MONT KOLSAAS EN NORVÈGE.
T. H. 0,655 ; L. 1,00.
Cachet b.d. : Claude Monet.
Peint en 1895.
Acquis en 1967.
C.P.t.l. p. 275.

R.F. 2003
BRAS DE SEINE PRÈS DE GIVERNY.
T. H. 0,750 ; L. 0,925.
S.D.b.g. : Claude Monet, 97.
Legs Camondo, 1911.
Brière CA. 188 — Cat. Impr. 270. S.A.I. 1393.
C.P.t.l. p. 271.

R.F. 2004
LE BASSIN AUX NYMPHÉAS. HARMONIE VERTE.
T. H. 0,890 ; L. 0,935.
S.D.b.d. : Claude Monet, 99.
Legs Camondo, 1911.
Brière CA. 189 — Cat. Impr. 271. — S.A.I. 1394.
C.P.t.l. p. 271.

R.F. 2005
LE BASSIN AUX NYMPHÉAS. HARMONIE ROSE.
T. H. 0,895 ; L. 1,00.
S.D.b.g. : Monet, 1900.
Legs Camondo, 1911.
Brière CA. 190 — Cat. Impr. 272 — S.A.I. 1395.
C.P.t.l. p. 271.

R.F. 2006
VÉTHEUIL, SOLEIL COUCHANT.
T. H. 0,89 ; L. 0,92.
S.D.b.g. : Claude Monet, 1901.
Legs Camondo, 1911.
Brière CA. 191 — Cat. Impr. 273 — S.A.I. 1396.
C.P.t.l. p. 271.

R.F. 2007
LONDRES, LE PARLEMENT. TROUÉE DE SOLEIL
DANS LE BROUILLARD.
T. H. 0,81 ; L. 0,92.
S.D.b.g. : Claude Monet, 1904.
Legs Camondo, 1911.
Brière CA. 192 — Cat. Impr. 275 — S.A.I. 1398.
C.P.t.l. p. 271.

R.F. 2623
PORTRAIT DE L'ARTISTE.
T. H. 0,70 ; L. 0,55.
Peint en 1917.
Don Georges Clemenceau, 1927.
Cat. Impr. 276 — S.A.I. 1399. — C.P.t.l. p. 272.

INV. 20100 à 20107
LES NYMPHÉAS. ÉTUDE D'EAU.
Décoration comprenant un ensemble de huit
compositions peintes à Giverny entre 1914 et
1922, terminées et placées à l'**Orangerie des Tuileries** suivant l'ordonnance indiquée par l'artiste
avant sa mort en 1926, inaugurées en 1927.
Donation Claude Monet, 1922.
C.P.t.l. p. 269.

(INV. 20101)
LE MATIN.
T. H. 1,97 ; L. 12,11.
Première salle des Nymphéas, à droite.
S.A.I. 1401.

(INV. 20102)
REFLETS VERTS.
T. H. 1,97 ; L. 8,47.
Première salle des Nymphéas, au fond.
S.A.I. 1402.

(INV. 20100)
LES NUAGES.
T. H. 1,97 ; L. 12,71.
Première salle des Nymphéas, à gauche.
S.A.I. 1400.

(INV. 20103)
SOLEIL COUCHANT.
T. H. 1,97 ; L. 5,94.
Première salle des Nymphéas, entre les deux
portes.
S.A.I. 1403.

(INV. 20106)
LE MATIN.
T. H. 1,97 ; L. 12,77.
Deuxième salle des Nymphéas, à droite.
S.A.I. 1406.

(INV. 20104)
LES DEUX SAULES.
T. H. 1,97 ; L. 16,90.
Deuxième salle des Nymphéas, au fond.
S.A.I. 1405.

(INV. 20105)
LE MATIN.
T. H. 1,97 ; L. 12,77.
Deuxième salle des Nymphéas, à gauche.
S.A.I. 1405.

(INV. 20107)
REFLETS D'ARBRES.
T. H. 1,97 ; L. 8,48.
Deuxième salle des Nymphéas, entre les deux
portes.

MOREAU-NÉLATON Étienne
Paris, 1859-1927.

R.F. 3791
LA PLACE DE FÈRE-EN-TARDENOIS.
T. H. 0,38 ; L. 0,46.
S.D.b.g. : Etienne Moreau-Nélaton, 86, Fère.
Legs de M. et Mme Raymond Koechlin, 1931.
Cat. Impr. 283 — S.A.I. 1425. — C.P.t.l. p. 279.

MORISOT Berthe
Bourges, 1841 - Paris, 1895.

R.F. 2849
LE BERCEAU
Mme Pontillon, née Edma Morisot,
sœur de l'artiste, et sa fille Blanche.
T. H. 0,56 ; L. 0,46.
Peint en 1872.
(Bataille de Wildenstein 25).
Acquis en 1930.
Cat. Impr. 286 — S.A.I. 1428. — C.P.t.l. p. 280.

R.F. 1681
LA CHASSE AUX PAPILLONS.
Mme Pontillon, née Edma Morisot,

sœur de l'artiste, et ses filles Jeanne et Blanche.
T. H. 0,46 ; L. 0,56.
S.b.d. : Berthe Morisot.
(Bataille et Wildenstein 36).
DOnation Etienne Moreau-Nélaton, 1906.
Brière M. 84 — Cat. Impr. 285. — S.A.I. 1427.
C.P.t.l. p. 280.

R.F. 1937-45
DANS LES BLÉS.
T. H. 0,465 ; L. 0,690.
S.b.g. : Berthe Morisot.
Peint en 1875.
(Bataille et Wildenstein 46).
Legs Antonin Personnaz, 1937.
Cat. Impr. 287 — S.A.I. 1429. — C.P.t.l. p. 280.

R.F. 1937-44
JEUNE FEMME SE POUDRANT.
T. H. 0,46 ; L. 0,39.
S.b.g. : Berthe Morisot.
Peint en 1877.
(Bataille et Wildenstein 72).
Legs Antonin Personnaz, 1937.
Cat. Impr 288 — S.A.I. 1431. — C.P.t.l. p. 280.

R.F. 843
JEUNE FEMME EN TOILETTE DE BAL.
T. H. 0,71 ; L. 0,54.
Peint en 1879.
(Bataille et Wildenstein 81).
Acquis en 1894.
Cat. Impr. 289 — S.A.I. 1430. — C.P.t.l. p. 279.

R.F. 1969-22
LOUISE RIESENER (née en 1860),
fille du peintre Léon Riesener, plus tard
Mme Léouzon-le-Duc.
T. H. 0,735 ; L. 0,930.
S.h.g. : B. Morisot.
Peint en 1888.
(Bataille et Wildenstein 222).
Legs de Mme Raymond Escholier,
née Claude Léouzon-le-Duc, fille du modèle, 1969.

R.F. 1945-13
LES ENFANTS DE GABRIEL THOMAS,
cousin germain de l'artiste et amateur d'art.
T. H. 1.000 ; L. 0,812.
S.b. et vers la d. : B. Morisot.
Peint en 1894.
(Bataille de Wildenstein 367).
Don des enfants de Gabriel Thomas
en souvenir de leurs parents, 1945.
C.P.t.l. p. 280.

R.F. 2268
L'HORTENSIA ou LES DEUX SŒURS.
T. H. 0,735 ; L. 0,605.
Peint en 1894.
(Bataille et Wildenstein 371).
Don d'Ernest Rouart et de Mme, née Manet,
fille de l'artiste, 1920.
Cat. Impr. 290 — S.A.I. 1432. — C.P.t.l. p. 280.

MURER Eugène
MEUNIER Auguste, dit
Moulins, 1845 - Auvers-sur-Oise, 1906.

R.F. 1955-8
L'OISE A L'ISLE-ADAM.
T. H. 0,46 ; L. 0,65.
S.b.g. : Murer.
Peint vers 1903.
Don Paul Gachet, 1955.
Cat. Impr. 291 — S.A.I. 1446. — C.P.t.l. p. 282.

OLLER y CESTERO Francisco
Puerto-Rico, 1833 - Santurce (Puerto-Rico), 1917.

R.F. 1953-19
BORDS DE SEINE.
C. H. 0,25 ; L. 0,34.
S.D.b.g. : Oller 1875.
Don du Dr Martinez, 1953.
Cat. Impr. 293 — S.A.I. 1450.

R.F. 1951-41
L'ÉTUDIANT.
T. H. 0,64 ; L. 0,55.
S.b.g. : F. Oller.
Don Paul Gachet, 1951.
Cat. Impr. 294 — S.A.I. 1451.

OSBERT Alphonse
Paris, 1857-1939.

R.F. 1957-6
PORTRAIT D'ANTONIN PERSONNAZ.
B. H. 0,30 ; L. 0,24.
Vers 1885.
Acquis en 1957.
Cat. Impr. 295 — S.A.I. 1452. — C.P.t.l. p. 286.

PISSARRO Camille
Saint-Thomas (Antilles danoises), 1830 - Paris, 1903.

R.F. 1943-8.
PAYSAGE A MONTMORENCY.
B. H. 0,216 ; L. 0,273.
S.b.g. : Camille Pizarro.
Peint vers 1859.
Don du Baron d'Albenas sous réserve d'usufruit, 1943 ; entré en 1976.

R.F. 1951-38
BAC A LA VARENNE-SAINT-HILAIRE.
T. H. 0,27 , L. 0,41.
S.D.b.d. : C. Pissarro, 64.
(Pissarro et Venturi 36).
Don Paul Gachet, 1951.
Cat. Impr. 296 — S.A.I. 1465. — C.P.t.l. p. 298.

R.F. 1937-50
LA ROUTE DE LOUVECIENNES.
T. H. 0,465 ; L. 0,550.
S.D.b.d. : C. Pissarro, 1870.
(Pissarro et Venturi 79).
Legs Antonin Personnaz, 1937.
Cat. Impr. 298 — S.A.I. 1468. — C.P.t.l. p. 297.

R.F. 1937-58
LE CHALET, LA MAISON ROSE.
T. H. 0,460 ; L. 0,555.
S.D.b.g. : C. Pissarro, 1870.
(Pissarro et Venturi 82).

Legs Antonin Personnaz, 1937.
Cat. Impr. 300 — S.A.I. 1466. — C.P.t.l. p. 298.

R.F. 1682
LA DILIGENCE A LOUVECIENNES.
T. H. 0,255 ; L. 0,357.
S.D.b.g. : C. Pissarro, 1870.
(Pissarro et Venturi 80).
Donation Etienne Moreau-Nélaton, 1906.
Brière M. 85 — Cat. Impr. 299. — S.A.I. 1467.
C.P.t.l. p. 295.

R.F. 1937-54
PAYSAGE D'HIVER A LOUVECIENNES.
T. H. 0,37 ; L. 0,46.
S.b.g. : C. Pissarro.
Peint vers 1870.
(Pissarro et Venturi 81).
Legs Antonin Personnaz, 1937.
Cat. Impr. 301 — S.A.I. 1469. — C.P.t.l. p. 298.

R.F. 1937-56
LES COTEAUX DU VÉSINET.
T. H. 0,435 ; L. 0,655.
S.D.b.d. : C. Pissarro, 1871.
(Pissarro et Venturi 117).
Legs Antonin Personnaz, 1937.
Cat. Impr. 302 — S.A.I. 1470. — C.P.t.l. p. 298.

R.F. 2732
LE LAVOIR, PONTOISE.
T. H. 0,465 ; L. 0,560.
S.D.b.g. : C. Pissarro, 1872.
(Pissarro et Venturi 175)
Legs Gustave Caillebotte, 1894 ; entré en 1896.
Cat. Impr. 305 — S.A.I. 1475. — C.P.t.l. p. 296.

R.F. 1951-37
LA ROUTE DE LOUVECIENNES.
T. H. 0,600 ; L. 0,735.
S.D.b.g. : C. Pissarro, 1872.
(Pissarro et Venturi 138).
Don Paul Gachet, 1951.
Cat. Impr. 304 — S.A.I. 1472. — C.P.t.l. p. 298.

R.F. 1683
PONTOISE.
T. H. 0,405 ; L. 0,545.
S.D.b.d; : C. Pissarro, 1872.
(Pissarro et Venturi 172).
Donation Etienne Moreau-Nélaton, 1906.
Brière M. 86 — Cat. Impr. 306 — S.A.I. 1473. —
C.P.t.l. p. 295.

R.F. 1954-18
CHÂTAIGNIERS A LOUVECIENNES.
T. H. 0,41 ; L. 0,54.
S.b.d. : C. Pissarro.
Peint vers 1872.
(Pissarro et Venturi 146).
Don Paul Gachet, 1954.
Cat. Impr. 297 — S.A.I. 1471. — C.P.t.l. p. 299.

R.F. 2436
ENTRÉE DU VILLAGE DE VOISINS.
T. H. 0,460 ; L. 0,555.
S.D.b.d. : C. Pissarro, 1872.
(Pissarro et Venturi 141).
Donation Ernest May sous réserve d'usufruit,
1923 ; entré au Louvre en 1926.
Cat. Impr. 303 — S.A.I. 1474. — C.P.t.l. p. 296.

R.F. 2837
PORTRAIT DE L'ARTISTE.
T. H. 0,560 ; L. 0,467.
S.D.b.g. : C. Pissarro, 1873.
(Pissarro et Venturi 200).
Donation Paul-Emile Pissarro, fils de l'artiste, sous réserve d'usufruit, 1930 ; entré au Louvre en 1947.
Cat. Impr. 307 — S.A.I. 1476. — C.P.t.l. p. 296.

R.F. 1972-27
GELÉE BLANCHE.
T. H. 0,65 ; L. 0,93.
S.D.b.g. : C. Pissarro, 1873.
(Pissarro et Venturi 203).
Legs Eduardo Mollard, 1972.

R.F. 1973-19
ROUTE D'ENNERY PRÈS PONTOISE.
T. H. 0,55 ; L. 0,92.
S.D.b.g. : C. Pissarro 1874.
(Pissarro et Venturi 254).
Donation M. et R. Kaganovitch, 1973.

R.F. 1972-28
PAYSAGE, PONTOISE.
T. H. 0,515 ; L. 0,81.
S.b.d. : C. Pissarro.
Peint vers 1875.
(Pissarro et Venturi 309).
Legs Eduardo Mollard, 1972.

R.F. 3756
LA MOISSON A MONTFOUCAULT.
T. H. 0,650 ; L. 0,925.
S.D.b.g. : C. Pissarro, 1876.
(Pissarro et Venturi 364).
Legs Gustave Caillebotte, 1894 ; entré en 1896.
Cat. Impr. 308 — S.A.I. 1477. — C.P.t.l. p. 297.

R.F. 1951-11
LA DILIGENCE, ROUTE D'ENNERY A L'HERMITAGE, PONTOISE.
T. H. 0,465 ; L. 0,550.
S.D.b.g. : C. Pissarro, 77.
(Pissarro et Venturi 411).
Don du Dr et de Mme Albert Charpentier, 1951.
Cat. Impr. 309 — S.A.I. 1478. — C.P.t.l. p. 298.

R.F. 2735
LES TOITS ROUGES, COIN DE VILLAGE, EFFET D'HIVER.
T. H. 0,545 ; L. 0,656.
S.D.b.d. : C. Pissarro 1877.
(Pissarro et Venturi 384).
Legs Gustave Caillebotte, 1894 ; entré en 1896.
Cat. Impr. 312 — S.A.I. 1481. — S.P.t.l. p. 296.

R.F. 2731
CHEMIN SOUS BOIS, EN ÉTÉ.
T. H. 0,810 ; L. 0,657.
S.D.b.d. : C. Pissarro, 1877.
(Pissarro et Venturi 416).
Legs Gustave Caillebotte, 1894 ; entré en 1896.
Cat. Impr. 310 — S.A.I. 1479. — C.P.t.l. p. 296.

R.F. 2733
POTAGER ET ARBRES EN FLEURS, PRINTEMPS, PONTOISE.
T. H. 0,655 ; L. 0,810.
S.D.b.g. : C. Pissarro, 1877.
(Pissarro et Venturi 387).

Legs Gustave Caillebotte, 1894 ; entré en 1896.
Cat. Impr. 311 — S.A.I. 1480. — C.P.t.l. p. 296.

R.F. 1973-20
UN COIN DE JARDIN A L'HERMITAGE.
T. H. 0,55 ; L. 0,46.
S.D.b.d. : C. Pissarro 1877.
(Pissarro et Venturi 396).
Donation Max et Rosy Kaganovitch, 1973.

R.F. 1937-57
BORDS DE L'OISE, PRÈS DE PONTOISE, TEMPS GRIS.
T. H. 0,545 ; L. 0,655.
S.D.b.d. : Pissarro, 1878.
(Pissarro et Venturi 434).
Legs Antonin Personnaz, 1937.
Cat. Impr. 313 — S.A.I. 1482. — C.P.t.l. 298.

R.F. 2736
CHEMIN MONTANT A TRAVERS CHAMPS, CÔTE DES GROUETTES, PONTOISE.
T. H. 0,54 ; L. 0,65.
S.D.b.g. : C. Pissarro, 79.
(Pissarro et Venturi 493).
Legs Gustave Caillebotte, 1894 ; entré en 1896.
Cat. Impr. 314 — S.A.I. 1483. — C.P.t.l. p. 296.

R.F. 1937-48
JARDIN POTAGER A L'HERMITAGE, PONTOISE
T. H. 0,550 ; L. 0,655.
S.D.b.d. : C. Pissarro, 79.
(Pissarro et Venturi 496).
Legs Antonin Personnaz, 1937.
Cat. Impr. 315 — S.A.I. 1484. — C.P.t.l. p. 297.

R.F. 1937-51
PAYSAGE A CHAPONVAL.
T. H. 0,545 ; L. 0,650.
S.D.b.d. : C. Pissarro, 80.
(Pissarro et Venturi 509).
Legs Antonin Personnaz, 1937.
Cat. Impr. 316 — S.A.I. 1486. — C.P.t.l. p. 297.

R.F. 2734
LA BROUETTE, VERGER.
T. H. 0,54 ; L. 0,65.
Vers 1881. (Pissarro et Venturi 537).
Legs Gustave Caillebotte, 1894 ; entré en 1896.
Cat. Impr. 317 — S.A.I. 1485. — C.P.t.l. p. 296.

R.F. 2013
JEUNE FILLE A LA BAGUETTE, PAYSANNE ASSISE.
T. H. 0,810 ; L. 0,647.
S.D.b.d. : C. Pissarro, 1881.
(Pissarro et Venturi 540).
Legs Camondo, 1911.
Brière CA 193 — Cat. Impr. 318. — S.A.I. 1487. — C.P.t.l. p. 295.

R.F. 1937-47
FEMME DANS UN CLOS, SOLEIL DE PRINTEMPS DANS LE PRÉ A ÉRAGNY.
T. H. 0,545 ; L. 0,650.
S.D.b.d. : C. Pissarro, 1887.
(Pissarro et Venturi 709).
Legs Antonin Personnaz, 1937.
Cat. Impr. 319 — S.A.I. 1488. — C.P.t.l. p. 297.

R.F. 1972-29
FEMME ÉTENDANT DU LINGE.
T. H. 0,41 ; L. 0,325.
S.D.b.g. : C. Pissarro, 1887.
(Pissarro et Venturi 717).
Legs Eduardo Mollard, 1972.

R.F. 1972-30
FEMME AU FICHU VERT.
T. H. 0,655 ; L. 0,545.
S.D.h.g. : C. Pissarro, 1893.
(Pissarro et Venturi 854).
Legs Eduardo Mollard, 1972.

R.F. 2014
EFFET DE NEIGE A ÉRAGNY (Oise).
T. H. 0,735 ; L. 0,925.
S.D.b.d. : C. Pissarro, 94.
(Pissarro et Venturi 867).
Legs Camondo, 1911.
Brière CA 194 — Cat. Impr. 320 — S.A.I. 1490. — C.P.t.l. p. 295.

R.F. 1937-53
ÉGLISE DE KNOKKE (Belgique).
T. H. 0,545 ; L. 0,655.
S.D.b.g. : C. Pissarro, 94.
(Pissarro et Venturi 890).
Legs Antonin Personnaz, 1937.
Cat. Impr. 321 — S.A.I. 1489. — C.P.t.l. p. 297.

R.F. 1937-59
PAYSAGE A ÉRAGNY, ÉGLISE ET FERME D'ÉRAGNY.
T. H. 0,600 ; L. 0,734.
S.D.b.d. : C. Pissarro, 95.
(Pissarro et Venturi 929).
Legs Antonin Personnaz, 1937.
Cat. Impr. 322 — S.A.I. 1491. — C.P.t.l. p. 298.

R.F. 1972-31
PORT DE ROUEN, SAINT-SEVER.
T. H. 0,655 ; L. 0,92.
S.D.b.g. : C. Pissarro 1896.
(Pissarro et Venturi 957).
Legs Eduardo Mollard, 1972.

R.F. 1937-46
FEMME DANS UN VERGER, MATINÉE D'AUTOMNE, JARDIN D'ÉRAGNY.
T. H. 0,545 ; L. 0,650.
S.D.b.g. : C. Pissarro, 97.
(Pissarro et Venturi 1016).
Legs Antonin Personnaz, 1937.
Cat. Impr. 323 — S.A.I. 1492. — C.P.t.l. p. 297.

R.F. 1937-52
LE LAVOIR DE BAZINCOURT.
T. H. 0,655 ; L. 0,810.
S.D.b.d. : C. Pissarro, 1900.
(Pissarro et Venturi 1141).
Legs Antonin Personnaz, 1937.
Cat. Impr. 324 — S.A.I. 1493. — C.P.t.l. p. 297.

M.N.R. 222
L'ÉGLISE SAINT-JACQUES A DIEPPE.
T. H. 0,545 ; L. 0,655.
S.D.b.g. : C. Pissarro, 1901.
Attribué au Musée du Louvre par l'Office des Biens privés, 1950.
Cat. Impr. 325 — S.A.I. 1494. — C.P.t.l. p. 299.

R.F. 1937-55
DIEPPE, BASSIN DUQUESNE, MARÉE BASSE.
SOLEIL, MATIN.
T. H. 0,545 ; L. 0,650.
S.D.b.d. : C. Pissarro, 1902.
(Pissarro et Venturi 1253).
Legs Antonin Personnaz, 1937.
Cat. Impr. 326 — S.A.I. 1496. — C.P.t.l. p. 298.

R.F. 1937-49
MORET, LE CANAL DU LOING.
T. H. 0,650 ; L. 0,815.
S.D.b.g. : C. Pissarro, 1902.
(Pissarro et Venturi 1237).
Legs Antonin Personnaz, 1937.
Cat. Impr. 327 — S.A.I. 1495. — C.P.t.l. p. 297.

R.F. 1972-32
LA SEINE ET LE LOUVRE.
T. H. 0,46 ; L. 0,55.
S.D.b.g. : C. Pissarro, 1903.
(Pissarro et Venturi 1278).
Legs Eduardo Mollard, 1972.

REDON Odilon
Bordeaux, 1840 - Paris, 1916.

R.F. 2703.
MADAME ODILON REDON,
née Camille Falte (1853-1923).
T. H. 0,455 ; L. 0,375.
S.D.b.g. : 1882, Odilon Redon.
Don de Mme J. Groekoop de Jong, 1926.
Cat. Impr. 332 — S.A.I. 1554. — C.P.t.l. p. 315.

R.F. 1941-23
VASE DE FLEURS, LE PAVOT ROUGE.
T. H. 0,27 ; L. 0,19.
S.b.g. : Odilon Redon.
Legs Paul Jamot, 1941.
Cat. Impr. 334 — S.A.I. 1556. — C.P.t.l. p. 315.

R.F. 2791
LES YEUX CLOS.
T sur carton. H. 0,44 ; L. 0,36.
S.D.b.g. : Odilon Redon, 1890.
Acquis en 1904.
Cat. Impr. 333 — S.A.I. 1555. — C.P.t.l. p. 315.

INV. 20612
FLEURS.
T. H. 0,46 ; L. 0,38.
S.b.d. : Odilon Redon.
Peint avant 1900.
Legs Philippon, 1939.

R.F. 1950-31
PAUL GAUGUIN (1848-1903), peintre.
T. H. 0,660 ; L. 0,545.
S.b.d. : Odilon Redon.
Peint après la mort de Gauguin, entre 1903 et
1905.
Acquis en 1950.
— S.A.I. 1557. — C.P.t.l. p. 315.

RENOIR Pierre-Auguste
Limoges, 1841 - Cagnes-sur-Mer (Var), 1919.

R.F. 1952-3
WILLIAM SISLEY († 1871), père du peintre Sisley.
T. H. 0,815 ; L. 0,655.
S.D.mi-h.g. : A. Renoir, 1864.
Salon de 1865.
(Daulte 11).
Acquis en 1952.
Cat. Impr. 337 — S.A.I. 1573. — C.P.t.l. p. 322.

R.F. 2448
FRÉDÉRIC BAZILLE (1841-1870), peintre.
T. H. 1,050 ; L. 0,735.
S.D.b.d. : A. Renoir, 67.
(Daulte 28).
Legs Marc Bazille, frère du modèle, 1924.
Cat. Impr. 338 — S.A.I. 1574. — C.P.t.l. p. 318.

R.F. 3667
CHALANDS SUR LA SEINE.
T. H. 0,47 ; L. 0,64.
S.b.d. : Renoir.
Peint en 1869.
Legs de M. et Mme Raymond Koechlin, 1931.
Cat. Impr. 339 — S.A.I. 1576. — C.P.t.l. p. 320.

R.F. 2741
MADAME THÉDORE CHARPENTIER,
née Marie-Pauline Le Grand (1802-1875),
belle-mère de Charles Le Cœur, architecte,
ami de Renoir.
T. H. 0,46 ; L. 0,39.
S.d. au-dessus de l'épaule : A. Renoir.
Peint vers 1869.
(Daulte 43).
Don de François Le Cœur, petit-fils du modèle,
et de Madame, née Charpentier, 1924.
Cat. Impr. 340 — S.A.I. 1575. — C.P.t.l. p. 319.

R.F. 2443
FEMME DEMI-NUE COUCHÉE : LA ROSE.
T. H. 0,295 ; L. 0,250.
S.b.d. : Renoir.
Peint vers 1872.
(Daulte 82).
Donation Ernest May, sous réserve d'usufruit,
1923 ; entré au Louvre en 1926.
Cat. Impr. 341 — S.A.I. 1577. — C.P.t.l. p. 318.

R.F. 1965-11
MADAME DARRAS, femme du capitaine Darras,
ami des Le Cœur.
T. H. 0,475 ; L. 0,390.
S.b.g. : A. Renoir.
Etude pour «L'amazone», de 1873 (Kunsthalle,
Hambourg).
(Daulte 93).
Donation de la baronne Eva Gebhard-Gourgaud,
1965.
C.P.t.l. p. 322.

R.F. 1951-14
LA SEINE A ARGENTEUIL.
T. H. 0,465 ; L. 0,650.
S.b.d. : Renoir. Peint vers 1873.
Don du Dr et de Mme Albert Charpentier, 1951.
Cat. Impr. 342 — S.A.I. 1578. — C.P.t.l. p. 321.

R.F. 2792
PORTRAIT DE FEMME dit Mme G. Hartmann.
T. H. 1,83 ; L. 1,23.
S.D.b.g. : A. Renoir, 74.

(Daulte 112).
Don du général Bourjat, 1902.
Cat. Impr. 343 — S.A.I. 1579. — C.P.t.l. p. 319.

R.F. 1961-22
CHARLES LE CŒUR (1830-1906), architecte,
frère du peintre Jules Le Cœur, ami de Renoir.
T. H. 0,42 ; L. 0,29.
S.b.g. : A. Renoir.
Peint en 1874.
(Daulte 99).
Donation Eduardo Mollard, 1961.
C.P.t.l. p. 322.

R.F. 3757
LA LISEUSE.
T. H. 0,465 ; L. 0,385.
S.mi-h.g. : Renoir.
Peint en 1874.
(Daulte 106).
Legs Gustave Caillebotte, 1894 ; entré en 1896.
Cat. Impr. 348 — S.A.I. 1582. — C.P.t.l. p. 320.

R.F. 3666
CLAUDE MONET (1840-1926), peintre.
T. H. 0,850 ; L. 0,605.
S.D.b.d. : Renoir, 75.
(Daulte 132).
Legs de M. et Mme Raymond Koecklin, 1931.
Cat. Impr. 344 — S.A.I. 1580. — C.P.t.l. p. 320.

R.F. 3668
JEUNE FEMME A LA VOILETTE.
T. H. 0,61 ; L. 0,51.
S.b.d. : Renoir (signature brouillée).
Peint vers 1875.
(Daulte 151).
Legs de M. et Mme Koechlin, 1931.
Cat. Impr. 354 — S.A.I. 1583. — C.P.t.l. p. 320.

R.F. 1953-3
JEUNE FEMME ASSISE DANS UN JARDIN.
B.H. 0,100 ; L. 0,085.
S.b.d. : Renoir.
Peint vers 1875.
(Daulte 140).
Legs Carle Dreyfus, 1953.
Cat. Impr. 347 — S.A.I. 1584. — C.P.t.l. p. 322.

R.F. 2737
BORDS DE SEINE A CHAMPROSAY.
T. H. 0,55 ; L. 0,66.
S.b.d. : Renoir.
Peint en 1876.
Legs Gustave Caillebotte, 1894 ; entré en 1896.
Cat. Impr. 349 — S.A.I. 1585. — C.P.t.l. p. 319.

M.N.R. 201.
MADAME ALPHONSE DAUDET,
née Julie Allard (1844-1940), femme de l'écrivain.
T. H. 0,46 ; L. 0,38.
S.D.b.d. : Renoir, 76.
(Daulte 163).
Attribué au Musée du Louvre par l'Office des Biens
privés, 1951).
Cat. Impr. 350 — S.A.I. 1586. — C.P.t.l. p. 322.

R.F. 2738
LA BALANÇOIRE.
T. H. 0,92 ; L. 0,73.
S.D.b.d. : Renoir, 76.

(Daulte 202).
Legs Gustave Caillebotte, 1894 ; entré en 1896.
Cat. Impr. 345 — S.A.I. 1581. — C.P.t.l. p. 319.

R.F. 2739
LE MOULIN DE LA GALETTE, Montmartre.
T. H. 1,31 ; L. 1,75.
S.D.b.d. : Renoir, 76.
(Daulte 209).
Legs Gustave Caillebotte, 1894 ; entré en 1896.
Cat. Impr. 351 — S.A.I. 1588. — C.P.t.l. p. 319.

R.F. 2740
TORSE DE FEMME AU SOLEIL.
T. H. 0,810 ; L. 0,648.
S.b.d. : Renoir.
Peint vers 1876.
(Daulte 201).
Legs Gustave Caillebotte, 1894 ; entré en 1896.
Cat. Impr. 345 — S.A.I. 1581. — C.P.t.l. p. 319.

R.F. 2581
CHEMIN MONTANT DANS LES HAUTES HERBES.
T. H. 0,60 ; L. 0,74.
S.b.g. : Renoir.
Peint vers 1876-77.
Don Charles Comiot par l'intermédiaire de la
Société des Amis du Louvre, 1926.
Cat. Impr. 346 — S.A.I. 1589. — C.P.t.l. p. 319.

R.F. 2244.
MADAME GEORGES CHARPENTIER,
née Marguerite Lemonnier, femme de l'éditeur.
T. H. 0,463 ; L. 0,380.
S.h.d. : Renoir.
Peint vers 1876-77.
(Daulte 226).
Don de la Société des Amis du Luxembourg,
1919.
Cat. Impr. 353 — S.A.I. 1590. — C.P.t.l. p. 318.

R.F. 1951-39
PORTRAIT DE MARGOT.
T. H. 0,465 ; L. 0,380.
S.h. vers la g. : Renoir.
Peint en 1878.
(Daulte 276).
Don Paul Gachet, 1951.
Cat. Impr. 355 — S.A.I. 1591. — C.P.t.l. p. 322.

R.F. 1978-14.
MADAME PAUL BÉRARD,
née Marguerite Girod (1844-1901).
T. H. 0,495 ; L. 0,40.
S.D.h.d. : Renoir 79.
(Daulte 283).
Dation en paiement de droits de succession, 1978.

R.F. 1952-33.
PORTRAIT DE L'ARTISTE.
T. H. 0,19 ; L. 0,14.
S.b.d. : Renoir.
Peint en 1879.
(Daulte 293).
Don de M. D. Guérin sous réserve d'usufruit,
1952 ; abandon de l'usufruit en 1974.

R.F. 1937-9
ALFONSINE FOURNAISE (1845-1937),
fille d'un restaurateur de l'île de Chatou (Yvelines),
entre Chatou et Rueil, dit A LA GRENOUILLÈRE.
T. H. 0,735 ; L. 0,930.
S.D.b.d. : Renoir, 79.
(Daulte 301).
Don D. David-Weil, 1937.
Cat. Impr. 356 — S.A.I. 1592. — C.P.t.l. p. 320.

R.F. 1961-21
PORTRAIT DE FEMME AU JABOT BLANC.
T. H. 0,463 ; L. 0,380.
S.D.h.d. : Renoir, 80.
(Daulte 352).
Donation Eduardo Mollard, 1961.
C.P.t.l. p. 322.

R.F. 1943-62
PAYSAGE ALGÉRIEN, LE RAVIN DE LA FEMME
SAUVAGE (faubourg d'Alger).
T. H. 0,655 ; L. 0,810.
S.b.g. : Renoir.
Peint en 1881.
Acquis en 1943.
Cat. Impr. 359 — S.A.I. 1595. — C.P.t.l. p. 321.

R.F. 1957-8
FÊTE ARABE A ALGER, LA CASBAH.
T. H. 0,735 ; L. 0,920.
S.D.b.d. : Renoir, 81.
Don de la Fondation Biddle, 1957, en souvenir
de Mrs. Margaret Biddle.
Cat. Impr. 358 — S.A.I. 1594. — C.P.t.l. p. 322.

R.F. 1959-1
CHAMPS DE BANANIERS.
T. H. 0,515 ; L. 0,635.
S.D.b.g. : Renoir, 81.
Acquis en 1959.
Cat. Impr. 359 bis — S.A.I. 1596.
C.P.t.l. p. 322.

R.F. 3758
PONT DU CHEMIN DU FER A CHATOU (Yvelines).
T. H. 0,540 ; L. 0,657.
S.D.b.d. : Renoir, 81 (signature ajoutée posté-
rieurement par Renoir).
Legs Gustave Caillebotte, 1894 ; entré en 1896.
Cat. Impr. 357 — S.A.I. 1593. — C.P.t.l. p. 320.

R.F. 1947-11
RICHARD WAGNER (1813-1883), compositeur.
T. H. 0,53 ; L. 0,46.
S.h.d. : Renoir. D.h.g. : 15 janvier 82.
(Daulte 394).
Donation Alfred Cortot sous réserve d'usufruit,
en souvenir de sa première femme, 1947 ; entré
au Louvre en 1963.
C.P.t.l. p. 321.

R.F. 1978-13
LA DANSE A LA VILLE.
T. H. 1,80 ; L. 0,90.
S.D.b.d. : Renoir 83.
(Daulte 440).
Acquis par dation en paiement de droits de succes-
sion, 1978.

R.F. 1973-22
MARINE. GUERNESEY.
T. H. 0,46 ; L. 0,56.

S.b.g. : Renoir.
Peint en 1883.
Donation M. et R. Kaganovitch, 1973.

R.F. 1973-21.
GLAÏEULS.
T. H. 0,75 ; L. 0,545.
S.b.g. et dédicacé : au Docteur Latty.
Souvenir d'amitié. Renoir.
Peint vers 1885.
Donation M. et R. Kaganovitch, 1973.

R.F. 1974-5
NATURE MORTE.
T. H. 0,465 ; L. 0,555.
S.b.d. : Renoir.
Tableau repris (A. Vollard, Tableaux, pastels et
dessins de P.A. Renoir, 2 vol., Paris, 1918, t. II,
pl. reprod. 45).
Attribué par le Ministère de l'Economie et des
Finances, 1974.

M.N.R. 579
FEMME AU PUITS.
B. H. 0,35 ; L. 0,27.
S.b.g. : A.R.
Œuvre inachevée.
(A. Vollard, Tableaux, pastels et dessins de P.A.
Renoir, 2 vol., Paris, 1918, t. II, reprod. p. 29 ;
Daulte 501 comme peint vers 1886).
Attribué au Musée du Louvre par l'Office des Biens
privés, 1951.

R.F. 1937-61
JEUNE FEMME NUE EN BUSTE.
T. H. 0,35 ; L. 0,27.
S.h.d. : Renoir.
Peint vers 1886.
(Daulte 508).
Legs Antonin Personnaz, 1937.
Cat. Impr. 362 — S.A.I. 1599. — C.P.t.l. p. 320.

R.F. 1941-25
ROSES MOUSSEUSES.
T. H. 0,355 ; L. 0,270.
S.b.d. : Renoir.
Peint vers 1890.
Legs Paul Jamot, 1941.
Cat. Impr. 361 — S.A.I. 1598. — C.P.t.l. p. 320.

M.N.R. 580
ROSES DANS UN VASE.
T. H. 0,295 ; L. 0,330.
S.b.d. : Renoir.
Peint vers 1890.
Attribué au Musée du Louvre par l'Office des Biens
privés, 1951.
Cat. Impr. 363 — S.A.I. 1601. — C.P.t.l. p. 323.

R.F. 755
JEUNES FILLES AU PIANO.
T. H. 1,16 ; L. 0,90.
S.b.d. : Renoir.
Peint en 1892. Commande de l'Etat.
Acquis en 1892.
Cat. Impr. 364 — S.A.I. 1600. — C.P.t.l. p. 318.

R.F. 1937-60.
LA LISEUSE VERTE.
T. H. 0,265 ; L. 0,210.
S.b.d. : Renoir.
Peint vers 1894.

Legs Antonin Personnaz, 1937.
Cat. Impr. 365 — S.A.I. 1602. — C.P.t.l. p. 320.

R.F. 1961-3
NU. Etude inachevée.
T. H. 0,353 ; L. 0,225.
S.h.d. : Renoir.
Peint vers 1895.
Legs de M. et Mme Frédéric Lung, 1961.
C.P.t.l. p. 322.

R.F. 1951-29
MADAME GASTON BERNHEIM DE VILLERS,
née Suzanne Adler (1883-1961).
T. H. 0,93 ; L. 0,73.
S.D.b.d. : Renoir, 1901.
Don de M. et Mme Gaston Bernheim de Villers,
1951.
Cat. Impr. 368 — S.A.I. 1604. — C.P.t.l. p. 321.

M.N.R. 838
ODE AUX FLEURS (d'après Anacréon).
T. H. 0,46 ; L. 0,36.
S.b.g. : Renoir.
Peint vers 1903-1909.
Attribué au Musée du Louvre par l'Office des Biens
privés, 1951.
Cat. Impr. 370 — S.A.I. 1605. — C.P.t.l. p. 323.

R.F. 2016
LA TOILETTE, FEMME SE PEIGNANT.
T. H. 0,550 ; L. 0,465.
S.h.g. : Renoir.
Peint vers 1907-08.
Legs Camondo, 1911.
Brière CA. 198 — Cat. Impr. 375 — S.A.I. 1610. —
C.P.t.l. p. 318.

R.F. 2017
FILETTE AU CHAPEAU DE PAILLE.
T. H. 0,46 ; L. 0,35.
S.h.d. : Renoir.
Peint vers 1908.
Legs Camondo, 1911.
Brière CA. 196 — Cat. Impr. 369 — S.A.I. 1606. —
C.P.t.l. p. 318.

R.F. 1951-16
NU COUCHÉ, VU DE DOS.
T. H. 0,41 ; L. 0,52.
S.b.g. : Renoir.
Peint vers 1909.
Don du Dr et de Mme Albert Charpentier, 1951.
Cat. Impr. 372 — S.A.I. 1608. — C.P.t.l. p. 321.

R.F. 2018.
JEUNE FILLE ASSISE, Hélène Bellon, plus tard,
Mme Garrache, puis Mme Forestieri (1890-1950).
T. H. 0,655 ; L. 0,545.
S.b.d. : Renoir.
Peint en 1909.
Legs Carmondo, 1911.
Brière C.A. 197 — Cat. Impr. 271. — S.A.I. 1607. —
C.P.t.l. p. 318.

R.F. 1951-28
MONSIEUR ET MADAME BERNHEIM DE VILLERS.
Gaston Bernheim de Villers (1870-1953), direc-
teur d'une galerie de tableaux à Paris, et sa femme,
née Suzanne Adler (1883-1961).
T. H. 0,810 ; L. 0,655.

S.D.h.d. : Renoir, 10.
Don de M. et Mme Gaston Bernheim de Villers,
1951.
Cat. Impr. 374 — S.A.I. 1611. — C.P.t.l. p. 321.

R.F. 1951-30
GENEVIÈVE BERNHEIM DE VILLERS
(1907-1936), fille de M. et Mme Gaston Bernheim
de Villers.
T. H. 0,53 ; L. 0,44.
S.D.h.d. : Renoir, 10.
Don de M. et Mme Gaston Bernheim de Villers,
1951.
Cat. Impr. 373 — S.A.I. 1609. — C.P.p.l. p 321

R.F. 2491
GABRIELLE A LA ROSE.
T. H. 0,555 ; L. 0,470.
S.D.h.d. : Renoir, 1911. Au revers, inscription sur
le châssis : Cagnes 1911.
Don Philippe Gangnat, 1925.
Cat. Impr. 376 — S.A.I. 1613. — C.P.t.l. p. 319.

R.F. 2796
JEUNE FEMME A LA ROSE, FEMME EN BLEU.
Mme Colonna Romano, actrice à la Comédie-
Française, née en 1883.
T. H. 0,655 ; L. 0,545.
Peint en 1913.
Don de l'artiste, 1918.
Cat. Impr. 377 — S.A.I. 1614. — C.P.t.l. p. 320.

M.N.R. 199.
RÉUNION DANS UN JARDIN.
T. H. 0,55 ; L. 0,65.
Inscription b.d. illisible.
Œuvre inachevée.
(L'Atelier de Renoir, avant-propos de A. André
et M. Elder, 2 vol., Paris, 1931, n° 429, pl. 138,
comme inachevé, peint vers 1911-1915).
Attribué au Musée du Louvre par l'Office des Biens
privés, 1950.

R.F. 1943-63
LA LISEUSE BLANCHE.
T. H. 0,257 ; L. 0,205.
S.h.g. : Renoir.
Peint en 1915 ou 1916.
Donation Berthellemy sous réserve d'usufruit,
1930 ; entré au Louvre en 1943.
Cat. Impr. 379 — S.A.I. 1616. — C.P.t.l. p. 321.

R.F. 1951-15
ODALISQUE DORMANT ou ODALISQUE AUX
BABOUCHE S.
T. H. 0,50 ; L. 0,53.
S.b.g. : Renoir.
Peint vers 1915-1917.
Don du Dr et de Mme Albert Charpentier, 1951.
Cat. Impr. 378 — S.A.I. 1615. — C.P.t.l. p. 321.

R.F. 2795
LES BAIGNEUSES.
T. H. 1,10 ; L. 1,60.
Peint en 1918 ou 1919.
Don des fils de l'artiste, 1923.
Cat. Impr. 380 — S.A.I. 1617. — C.P.t.l. p. 319.

R.F. 1945-5
PAYSAGE. Projet de tapisserie.

T. H. 0,385 ; L. 0,460.
S.b.g. : Renoir.
Acquis en 1945.
Cat. Impr. 367 — S.A.I. 1612. — C.P.t.l. p. 321.

R.F. 2745
GRAND JUGEMENT DE PARIS.
Plâtre original. H. 0,76 ; L. 0,94.
1914, avec la collaboration de R. Guino.
Acquis en 1954 ; dépôt du Département des
Sculptures.
Cat. Impr. 453.

ROUART Henri
Paris, 1833-1912.

R.F. 3832
LA TERRASSE AU BORD DE LA SEINE A MELUN.
T. H. 0,465 ; L. 0,655.
S.b.g. : H. Rouart.
Peint vers 1880.
Acquis en 1934.
Cat. Impr. 381 — S.A.I. 1658. — C.P.t.l. p. 336.

INV. 3617
L'ÉGLISE DE SAN MICHÈLE, PRÈS DE VENISE.
T. H. 0,61 ; L. 0,50.
S.d. sur le bateau : H. Rouart.
Peint vers 1883.
Don Ernest Rouart, fils de l'artiste, 1932.
Cat. Impr. 382 — S.A.I. 1659. — C.P.t.l. p. 336.

ROUSSEAU Henri, dit le Douanier
Laval, 1844 - Paris, 1910

LA GUERRE ou LA CHEVAUCHÉE D
DE LA DISCORDE.
T. H. 1,14 ; L. 1,95.
S.b.d. : Henri Rousseau.
Peint en 1894.
(Bouret 7. Vallier 69).
Acquis en 1946.
Cat. Impr. 383 — S.A.I. 1663. — C.P.t.l. p. 336.

R.F. 1965-15.
PORTRAIT DE FEMME
(Clémence Boitard, première femme de l'artiste ?).
T. H. 1,98 ; L. 1,15.
S.b.g. : Henri Rousseau.
Vers 1897.
(Bouret 66. Vallier 101).
Donation de la baronne Eva Gebhard-Gourgaud,
1965.
C.P.t.l. p. 337.

R.F. 1937-7
LA CHARMEUSE DE SERPENTS.
T. H. 1,690 ; L. 1,895.
S.D.b.d. : Henri Julien Rousseau, 1907.
(Bouret 34. Vallier 200).
Legs Jacques Doucet, 1936.
Cat. Impr. 384 — S.A.I. 1664. — C.P.t.l. p. 336.

ROUSSEAU Théodore
Paris, 1812 - Barbizon (Seine-et-Marne), 1867.

R.F. 1961-24
LE MATIN.
B. H. 0,418 ; L. 0,643.
S.b.g. : Th. Rousseau.
Donation Eduardo Mollard, 1961.
C.P.t.l. p. 340.

SEURAT Georges-Pierre
Paris, 1859-1891.

R.F. 1973-23
LISIÈRE DE BOIS AU PRINTEMPS.
B. H. 0,165 ; L. 0,26.
Peint vers 1882-83.
(Dorra et Rewald 54. De Hauke 51).
Donation M. et R. Kaganovitch, 1973.

R.F. 1965-13
ÉTUDE POUR « UNE BAIGNADE A ASNIÈRES ».
B. H. 0,155 ; L. 0,250.
Peint en 1883.
Etude pour le tableau de la National Gallery,
Londres.
(Dorra et Rewald 91. De Hauke 84).
Donation de la baronne Eva Gebhard-Gourgaud.
1965.
C.P.t.l. p. 345.

R.F. 1948-1.
ÉTUDE POUR « UN DIMANCHE APRÈS-MIDI
A L'ILE DE LA GRANDE JATTE ».
B. H. 0,155 ; L. 0,250.
Peint en 1884.
Etude de détail pour le tableau de l'Art Institute,
Chicago.
(Dorra et Rewald 126. De Hauke 109).
Don de T. et G.-H. Rivière en souvenir
de leurs parents, 1948.
S.A.I. 1716. — C.P.t.l. p. 345.

R.F. 2828
ÉTUDE POUR « UN DIMANCHE APRÈS-MIDI
A L'ILE DE LA GRANDE JATTE ».
B. H. 0,16 ; L. 0,25.
Etude de détail pour le tableau peint entre 1884
et 1886 (Art Institute, Chicago).
(Dorra et Rewald 129. De Hauke 129).
Don anonyme, 1930.
Cat. Impr. 386 — S.A.I. 1717. — C.P.t.l. p. 344.

R.F. 1947-13
POSEUSE DE FACE.
B.H. 0,25 ; L. 0,16.
S.b.d. : Seurat.
Peint en 1886-87.
Etude pour « Les poseuses » (Fondation Barnes,
Merion, Penn.).
(Dorra et Rewald 174. De Hauke 183).
Acquis en 1947.
Cat. Impr. 387. — S.A.I. 1718. — C.P.t.l. p. 345.

R.F. 1947-14
POSEUSE DE PROFIL.
B. H. 0,25 ; L. 0,16.
Peint en 1886-87.
Etude pour « Les poseuses » (Fondation Barnes,

Merion, Penn.).
(Dorra et Rewald 175. De Hauke 182).
Acquis en 1947.
Cat. Impr. 389. — S.A.I. 1719. — C.P.t.l. p. 345.

R.F. 1947-15
POSEUSE DE DOS.
B. H. 0,245 ; L. 0,155.
Peint en 1886-87.
Etude pour « Les poseuses » (Fondation Barnes,
Merion, Penn.).
(Dorra et Rewald 176. De Hauke 181).
Acquis en 1947.
Cat. Impr. 388 — S.A.I. 1720. — C.P.t.l. p. 345.

R.F. 1952-1
PORT-EN-BESSIN, AVANT-PORT, MARÉE HAUTE,
(Calvados).
T. H. 0,67 ; L. 0,82.
Peint en 1888. De Hauke 193).
Acquis sur les arrérages d'une donation anonyme
canadienne, 1952.
Cat. Impr. 390 — S.A.I. 1721. — C.P.t.l. p. 345.

R.F. 1937-123
ESQUISSE POUR « LE CIRQUE ».
T. H. 0,55 ; L. 0,46.
Peint en 1891.
(Dorra et Rewald 210. De Hauke 212).
Don de Mme J. Doucet en exécution de la volonté
de son mari, 1937.
Cat. Impr. 391. — S.A.I. 1722.

R.F. 2511
LE CIRQUE.
T. H. 1,855 ; L. 1,525.
Peint en 1891.
(Dorra et Rewald 211. De Hauke 213).
Legs John Quinn, 1924 ; entré en 1927.
Cat. Impr. 392 — S.A.I. 1723. — C.P.t.l. p. 344.

SIGNAC Paul
Paris, 1863-1935.

R.F. 1968-3
FAUBOURG DE PARIS.
T. H. 0,729 ; L. 0,916.
Inscr. S.D.b.d. : ... A. Chy, P. Signac 83 (partiel-
lement effacé).
Acquis en 1968.
C.P.t.l. p. 347.

R.F. 1958-1
BORDS DE RIVIÈRE, LA SEINE A HERBLAY.
(Val-d'Oise).
S.D.b.g. : P. Signac, 89, Inscr. b.d. : Op. 208.
Acquis avec la participation de Mme Cachin-
Signac, fille de l'artiste, et d'un amateur anonyme.
1958.
Cat. Impr. 393 — S.A.I. 1728. — C.P.t.l. 347.

R.F. 1976-78
FEMME SOUS LA LAMPE.
B. H. 0,245 ; L. 0,152.
Peint en 1890.
(Au revers esquisse de vue urbaine).
Donation Mme Ginette Signac, sous réserve
d'usufruit, 1976.

R.F. 1957-12
LA BOUÉE ROUGE.
T. H. 0,81 ; L. 0,65.
S.D.b.d. : 95 P. Signac.
Don du Dr P. Hébert sous réserve d'usufruit,
1957 ; entré en 1973.

R.F. 1976-77
LA VOILE VERTE, VENISE.
T. H. 0,65 ; L. 0,81.
S.D.b.g. : P. Signac/1904.
Donation Mme Ginette Signac, sous réserve
d'usufruit, 1976.

*Les autres œuvres de Signac exposées au Palais
de Tokyo, non répertoriées ici, proviennent des
reversements du Musée National d'Art Moderne.*

SISLEY Alfred
Paris, 1839 - Moret-sur-Loing (Seine-et-Marne),
1899.

R.F. 1971-15
LE HÉRON AUX AILES DÉPLOYÉES.
T. H. 0,80 ; L. 1,00.
S.b.d. : Sisley.
Peint vers 1865-67.
(Daulte 5).
Don de Mme P. Goujon sous réserve d'usufruit ;
entré en 1972.

R.F. 1951-40
VUE DU CANAL SAINT-MARTIN, Paris.
T. H. 0,50 ; L. 0,65.
S.D.b.d. : Sisley, 1870.
Salon de 1870.
(Daulte 16).
Don Paul Gachet, 1951.
Cat. Impr. 394 — S.A.I. 1729. — C.P.t.l. p. 351.

R.F. 1701
LE CANAL SAINT-MARTIN, Paris.
T. H. 0,380 ; L. 0,465.
S.D.b.d. : Sisley, 72.
Donation Etienne Moreau-Nélaton, 1907.
Brière M. 94 — Cat. Impr. 395. — S.A.I. 1731.
C.P.t.l. p. 348.

R.F. 1692.
RUE DE LA CHAUSSÉE A ARGENTEUIL
dit PLACE A ARGENTEUIL.
T. H. 0,465 ; L. 0,660.
S.D.b.d. : Sisley, 1872.
(Daulte 31).
Donation Etienne Moreau-Nélaton, 1906.
Brière M. 92 — Cat. Impr. 398. — S.A.I. 1732.
C.P.t.l. p. 348.

R.F. 1688
PASSERELLE D'ARGENTEUIL
T. H. 0,39 ; L. 0,60.
S.D.b.d. : A. Sisley 1872.
(Daulte 32).
Donation Etienne Moreau-Nélaton, 1906.
Brière M. 91 — Cat. Impr. 397. — S.A.I. 1730.
C.P.t.l. p. 348.

R.F. 2435
L'ILE SAINT-DENIS.

T. H. 0,505 ; L. 0,650.
S.b. vers la g. : Sisley.
Peint en 1872.
(Daulte 47).
Donation Ernest May sous réserve d'usufruit,
1923 ; entré au Louvre en 1926.
Cat. Impr. 405 — S.A.I. 1733. — C.P.t.I. p. 350.

R.F. 1937-63
L'ILE DE LA GRANDE-JATTE (Neuilly-sur-Seine).
T. H. 0,505 ; L. 0,650.
S.D.b.g. : Sisley 73.
(Daulte 66).
Legs Antonin Personnaz, 1937.
Cat. Impr. 402 — S.A.I. 1726. — C.P.t.I. p. 350.

M.N.R. 208
LA SEINE A BOUGIVAL.
T. H. 0,460 ; L. 0,653.
S.b.g. : Sisley. Peint en 1873.
(Daulte 87).
Attribué au Musée du Louvre par l'Office des Biens
privés, 1950.
S.A.I. 1738. — C.P.t.I. p. 351.

R.F. 1690
BATEAUX A L'ÉCLUSE DE BOUGIVAL.
T. H. 0,46 ; L. 0,65.
S.D.b.d. : Sisley, 73.
(Daulte 90).
Donation Etienne Moreau-Nélaton, 1906.
Brière M. 95 — Cat. Impr. 399. — S.A.I. 1734.
C.P.t.I. p. 348.

R.F. 2079
LA ROUTE, VUE DU CHEMIN DE SÈVRES.
Louveciennes.
T. H. 0,547 ; L. 0,730.
S.D.b.g. : Sisley, 73.
(Daulte 102).
Donation Joanny Peytel sous réserve d'usufruit,
1914 ; abandon de l'usufruit, 1918.
Cat. Impr. 401 — S.A.I. 1737. — C.P.t.I. p. 349.

R.F. 1937-65
LOUVECIENNES, HAUTEURS DE MARLY.
T. H. 0,380 ; L. 0,465.
S.b.g. : Sisley.
Peint sans doute en 1873.
(Daulte 83).
Legs Antonin Personnaz, 1937.
Cat. Impr. 400 — S.A.I. 1735. — C.P.t.I. p. 351.

R.F. 2787
LES RÉGATES A MOLESEY
(près de Hampton, Court, Angleterre).
T. H. 0,660 ; L. 0,915.
Peint en 1874.
(Daulte 126).
Legs Gustave Caillebotte, 1894 ; entré en 1896.
Cat. Impr. 406 — S.A.I. 1741. — C.P.t.I. p. 350.

R.F. 1937-64
LE BROUILLARD, VOISINS.
T. H. 0,505 ; L. 0,650.
S.D.b.g. : Sisley, 74.
(Daulte 137).
Legs Antonin Personnaz, 1937.
Cat. Impr. 412 — S.A.I. 1740. — C.P.t.I. p. 351.

R.F. 2019
VILLAGE DE VOISINS.

T. H. 0,380 ; L. 0,465.
S.D.b.g. : Sisley, 74.
(Daulte 142).
Legs Camondo, 1911.
Brière CA. 199 — Cat. Impr. 404. — S.A.I. 1739.
C.P.t.I. p. 349.

R.F. 1691
LA NEIGE A MARLY-LE-ROI.
T. H. 0,465 ; L. 0,560.
S.D.b.d. : Sisley, 75.
(Daulte 193).
Donation Etienne Moreau-Nélaton, 1906.
Brière M. 97 — Cat. Impr. 408. — S.A.I. 1743.
C.P.t.I. p. 348.

R.F. 1689
LA FORGE A MARLY-LE-ROI.
T. H. 0,550 ; L. 0,735.
S.D.b.d. : Sisley, 75.
(Daulte 183).
Donation Etienne Moreau-Nélaton, 1906.
Brière M. 96 — Cat. Impr. 407. — S.A.I. 1742.
C.P.t.I. p. 348.

R.F. 1973-24
LA ROUTE DE VERSAILLES.
T. H. 0,47 ; L. 0,38.
S.D.b.d. : Sisley 75.
(Daulte 162).
Donation M. et R. Kaganovitch, 1973.

R.F. 2021
LA BARQUE PENDANT L'INONDATION,
Port-Marly.
T. H. 0,505 ; L. 0,610.
S.D.b.d. : Sisley, 76.
(Daulte 239).
Legs Camondo, 1911.
Brière CA. 201 — Cat. Impr. 409. — S.A.I. 1744.
C.P.t.I. p. 349.

R.F. 2020
L'INONDATION A PORT-MARLY.
T. H. 0,60 ; L. 0,81.
S.D.b.g. : Sisley, 76.
(Daulte 240).
Legs Camondo, 1911.
Brière CA. 200 — Cat. Impr. 411. — S.A.I. 1745.
C.P.t.I. p. 349.

R.F. 1972-34
SOUS LA NEIGE COUR DE FERME
A MARLY-LE-ROI.
T. H. 0,385 ; L. 0,555.
S.D.b.d. : A. Sisley, 76.
(Daulte 197).
Legs Eduardo Mollard, 1972.

R.F. 2786
LA SEINE A SURESNES.
T. H. 0,607 ; L. 0,737.
S.D.b.g. : Sisley, 77.
(Daulte 267).
Legs Gustave Caillebotte, 1894 ; entré en 1896.
Cat. Impr. 413 — S.A.I. 1746. — C.P.t.I. p. 350.

R.F. 1951-12
ROUTE DE LOUVECIENNES SOUS LA NEIGE.
T. H. 0,460 ; L. 0,555.
S.b.d. : Sisley.
Peint vers 1877-78.

(Daulte 281).
Don du Dr et Mme Albert Charpentier, 1951.
Cat. Impr. 403 — S.A.I. 1749. — C.P.t.I. p. 351.

R.F. 2022
LA NEIGE A LOUVECIENNES.
T. H. 0,610 ; L. 0,505.
S.D.b.d. : Sisley, 78.
(Daulte 282).
Legs Camondo, 1911.
Brière CA. 203 — Cat. Impr. 414. — S.A.I. 1748.
C.P.t.I. p. 349.

R.F. 1693
LE REPOS AU BORD DU RUISSEAU.
LISIÈRE DE BOIS.
T. H. 0,735 ; L. 0,805.
S.D.b.d. : Sisley, 78 (et non 72).
(Daulte 42).
Donation Etienne Moreau-Nélaton, 1906.
Brière M. 93 — Cat. Impr. 396. — S.A.I. 1747.
C.P.t.I. p. 348.

M.N.R. 193
PRINTEMPS PLUVIEUX AUX ENVIRONS
DE PARIS.
H. 0,46 ; L. 0,55.
S.d.b.g. : Sisley 79.
(Daulte 306).
Attribué au Musée du Louvre par l'Office
des Biens privés, 1950.

R.F. 2025
TEMPS DE NEIGE A VENEUX-NADON.
T. H. 0,55 ; L. 0,74.
S.b.d. : Sisley. Peint en 1880.
(Daulte 401).
Legs Camondo, 1911.
Brière CA. 204 — Cat. Impr. 416. — S.A.I. 1751.
C.P.t.I. p. 349.

R.F. 2784
LISIÈRE DE FORÊT AU PRINTEMPS.
T. H. 0,605 ; L. 0,735.
S.D.b.d. : Sisley, 80.
(Daulte 350).
Legs Gustave Caillebotte, 1894 ; entré en 1896.
Cat. Impr. 415 — S.A.I. 1750. — C.P.t.I. p. 350.

M.N.R. 210 bis
LA SEINE, VUE DES COTEAUX DE BY.
T. H. 0,37 ; L. 0,55.
S.b.g. et b.d. (deux fois) : Sisley.
Peint en 1881.
(Daulte 443).
Attribué au Musée du Louvre par l'Office des Biens
privés, 1950.
Cat. Impr. 419 — S.A.I. 1752. — C.P.t.I. p. 351.

R.F. 2026
UN COIN DE BOIS AUX SABLONS, dit LA ROUTE
A L'ORÉE DU BOIS (lisière de la forêt de Fon-
tainebleau, près de Moret-sur-Loing).
T. H. 0,605 ; L. 0,735.
S.b.d. : Sisley.
Peint en 1883.
(Daulte 502).
Legs Camondo, 1911.
Brière CA. 202 — Cat. Impr. 410. — S.A.I. 1753.
C.P.t.I. p. 349.

R.F. 2700
COUR DE FERME, A SAINT-MAMMÈS.
T. H. 0,735 ; L. 0,930.
S.D.b.d. : Sisley, 84.
(Daulte 544).
Legs Gustave Caillebotte, 1894 ; entré en 1896.
Cat. Impr. 418 — S.A.I. 1754. — C.P.t.l. p. 350.

R.F. 1972-33
CANAL DU LOING.
T. H. 0,385 ; L. 0,55.
S.D.b.d. : Sisley 84.
(Daulte 522).
Legs Eduardo Mollard, 1972.

R.F. 2785
SAINT MAMMÈS.
T. H. 0,545 ; L. 0,735.
S.D.b.g. : Sisley, 85.
(Daulte 629).
Legs Gustave Caillebotte, 1894 ; entré en 1896.
Cat. Impr. 417 — S.A.I. 1755. — C.P.t.l. p. 350.

R.F. 2023
TREMBLES ET ACACIAS.
T. H. 0,60 ; L. 0,73.
S.D.b.d. : Sisley, 89.
(Daulte 712).
Legs Camondo, 1911.
Brière CA. 205 — Cat. Impr. 420. — S.A.I. 1756.
C.P.t.l. p. 349.

R.F. 2024
MORET, BORDS DU LOING.
T. H. 0,605 ; L. 0,730.
S.D.b.d. : Sisley, 92.
(Daulte 815).
Legs Camondo, 1911.
Brière CA. 206 — Cat. Impr. 421. — S.A.I. 1757.
C.P.t.l. p. 349.

INV. 20723
LE CANAL DU LOING.
T. H. 0,73 ; L. 0,93.
S.D.b.d. : Sisley, 92.
(Daulte 816).
Don d'un groupe d'amis de l'artiste, 1899.
(Tableau anciennement inventorié par erreur
RF 2699).
Cat. Impr. 422 — S.A.I. 1758. — C.P.t.l. p. 350.

R.F. 1972-35
PONT DE MORET.
T. H. 0,735 ; L. 0,923.
S.D.b.g. : Sisley 93.
(Daulte 817).
Legs Eduardo Mollard, 1972.

STEVENS Alfred
Bruxelles, 1823 - Paris, 1906.

R.F. 1972-36
SCÈNE FAMILIALE.
T. H. 0,515 ; L. 0,653.
S.b.d. : A. Stevens.
Legs Eduardo Mollard, 1972.

TOULOUSE-LAUTREC Henri de
Albi, 1864 - Château de Malromé (Gironde), 1901.

R.F. 1947-32
HENRY SAMARY (1865-1902),
de la Comédie Française.
C. H. 0,749 ; L. 0,519.
S.D.b.d. : H. T. Lautrec/89 (les initiales H.T.L.
entrelacées pour former un monogramme).
(Dortu P. 330).
Donation de M. Jacques Laroche sous réserve
d'usufruit, 1947 ; entré en 1976.

R.F. 1937-36
FEMME SE COIFFANT. CELLE QUI SE PEIGNE.
Carton. H. 0,44 ; L. 0,30.
S.h.g. : H T Lautrec (HTL entrelacés).
Peint en 1891.
(Dortu P. 390).
Legs Antonin Personnaz, 1937.
Cat. Impr. 434 — S.A.I. 1789. — C.P.t.l. p. 362.

R.F. 1959-3
JUSTINE DIEUHL. FEMME ASSISE
DANS UN JARDIN.
Carton. H. 0,74 ; L. 0,58.
S.b. vers la d. : H T Lautrec (HTL entrelacés).
Peint vers 1891.
(Dortu P. 394).
Ancienne coll. Matsukata. Entré au Louvre
en 1959, en application du traité de paix
avec le Japon.
Cat. Impr. 423 — S.A.I. 1777. — C.P.t.l. p. 362.

R.F. 1953-29
LA FEMME AUX GANTS (HONORINE PLATZER).
Carton. H. 0,54 ; L. 0,40.
S.h.d. : H T (THL entrelacés).
Peint en 1891.
(Dortu P. 396).
Don de la Société des Amis du Louvre, 1953.
Cat. Impr. 424 — S.A.I. 1778. — C.P.t.l. p. 362.

INV. 20140
LA FEMME AU BOA NOIR.
Carton. H. 0,53 ; L. 0,41.
S.b.d. : H T Lautrec (HTL entrelacés).
Peint en 1892.
(Dortu P. 435).
Don de la comtesse Alphonse de Toulouse-
Lautrec, mère de l'artiste, 1902.
Cat. Impr. 425 — S.A.I. 1779. — C.P.t.l. p. 361.

R.F. 1937-37
JANE AVRIL DANSANT (1868-1923).
Carton. H. 0,855 ; L. 0,450.
S.h. vers la d. : H T Lautrec (HTL entrelacés).
Peint vers 1892.
(Dortu P. 416).
Legs Antonin Personnaz, 1937.
Cat. Impr. 426 — S.A.I. 1780. — C.P.t.l. p. 362.

R.F. 1937-38
LE LIT.
Carton sur panneau parqueté. H. 0,540 ; L. 0,705.
S.h.g. : H T Lautrec (HTL entrelacés).
Peint vers 1892.
(Dortu P. 439).
Legs Antonin Personnaz, 1937.
Cat. Impr. 427 — S.A.I. 1781. — C.P.t.l. p. 362.

R.F. 1943-66
FEMME TIRANT SON BAS
ou FEMME DE MAISON.

Carton. H. 0,58 ; L. 0,46.
S.b.d. : H T Lautrec (monogramme entrelacé.
Douteux).
Peint vers 1894.
(Dortu P. 552).
Donation A. Berthellemy sous réserve d'usufruit,
1930 ; entré en 1943.
Cat. Impr. 428 — S.A.I. 1782. — C.P.t.l. p. 362.

R.F. 1943-65
FEMME DE MAISON BLONDE.
Carton. H. 0,69 ; L. 0,485.
S.b. vers la g. : H T (HTL entrelacés).
Etude pour «Au salon de la rue des Moulins»
(Musée d'Albi).
Peint en 1894.
(Dortu P. 555).
Donation A. Berthellemy sous réserve d'usufruit,
1930 ; entré au Louvre en 1943.
Cat. Impr. 429 — S.A.I. 1783. — C.P.t.l. p. 362.

R.F. 2027
LA CLOWNESSE CHA-U-KO,
artiste au Moulin-Rouge.
Carton H. 0,64 ; L. 0,49.
S.D.b.d. : H T Lautrec, 95 (HTL entrelacés).
(Dortu P. 581).
Legs Camondo, 1911.
Brière CA. 207 — Cat. Impr. 430. — S.A.I. 1784.
C.P.t.l. p. 361.

R.F. 2826
PANNEAUX POUR LA BARAQUE DE LA GOULUE,
A LA FOIRE DU TRÔNE A PARIS.

LA DANSE MAURESQUE ou LES ALMÉES.
T. H. 2,850 ; L. 3,075.
D.b. vers la d. : 1895.
(Dortu P. 591).

LA DANSE AU MOULIN-ROUGE
(LA GOULUE ET VALENTIN LE DÉSOSSÉ).
T. H. 2,98 ; L. 3,16.
S.b.d. : (H T L (monogramme entrelacé).
Peint en 1895.
(Dortu P. 592).
Acquis, découpés en huit panneaux avec plusieurs
chutes de toile, en 1929 ; sauf le fragment de
«Valentin le Désossé», don de M. Auffray, 1929.
Reconstitués en 1930.
Cat. Impr. 431 — S.A.I. 1785 et 1786.
C.P.t.l. p. 361.

R.F. 1937-39
FEMME DE PROFIL (MADAME LUCY).
Carton. H. 0,56 ; L. 0,48.
S. vers le b.g. : H T Lautrec (HTL entrelacés).
Peint en 1896.
(Dortu P. 608).
Legs Antonin Personnaz, 1937.
Cat. Impr. 432 — S.A.I. 1787. — C.P.t.l. p. 362.

R.F. 2242
LA TOILETTE.
Carton. H. 0,67 ; L. 0,54.
S.b.d. : Lautrec (début illisible).
Peint en 1896.
(Dortu P. 610).
Legs Pierre Goujon, 1914.
Cat. Impr. 433 — S.A.I. 1788. — C.P.t.l. p. 361.

R.F. 2281
PAUL LECLERCQ (1872-1956), ami de l'artiste, fondateur de la «Revue blanche».
Carton. H. 0,54 ; L. 0,67.
Peint en 1897.
(Dortu P. 645).
Don Paul Leclercq, 1920.
Brière 3148 — Cat. Impr. 435. — S.A.I. 1790.
C.P.t.l. p. 361.

R.F. 1943-64
LOUIS BOUGLÉ, ami de l'artiste.
B. H. 0,63 ; L. 0,51.
S.b.g. : H T (monogramme entrelacé).
Peint en 1898.
(Dortu P. 660).
Donation A. Berthellemy sous réserve d'usufruit, 1930 ; entré au Louvre en 1943.
Cat. Impr. 436 — S.A.I. 1791. — C.P.t.l. p. 362.

VAN GOGH Vincent

Groot-Zundert (Brabant), 1853 - Auvers-sur-Oise, 1890.

R.F. 1954-20
TÊTE DE PAYSANNE HOLLANDAISE.
T. H. 0,385 ; L. 0,265.
Peint en 1884.
Etude pour «Les mangeurs de pommes de terre».
(La Faille 134. La Faille Hypérion 143).
Acquis en 1954.
Cat. Impr. 142 — S.A.I. 1948. — C.P.t.l. p. 383.

R.F. 1989
FRITILLAIRES COURONNE IMPÉRIALE DANS UN VASE DE CUIVRE.
T. H. 0,730 ; L. 0,605.
S.h.g. : Vincent.
Peint en 1886.
(La Faille 213. La Faille Hypérion 298).
Legs Camondo, 1911.
Brière CA. 208 — Cat. Impr. 143. — S.A.I. 1949.
C.P.t.l. p. 381.

R.F. 2243
LA GUINGUETTE («Le Billard en bois» devenu «La bonne franquette», à Montmartre).
T. H. 0,495 ; L. 0,645.
S.b.g. : Vincent.
Peint en 1886.
(La Faille 238. La Faille Hypérion 393).
Legs Pierre Goujon, 1914.
Cat. Impr. 144 — S.A.I. 1950. — C.P.t.l. p. 381.

R.F. 2325
LE RESTAURANT DE LA SIRÈNE, à Asnières.
T. H. 0,545 ; L. 0,655.
Peint en 1887.
(La Faille 313. La Faille Hypérion 375).
Legs Joseph Reinach, 1921.
Cat. Impr. 145 — S.A.I. 1951. — C.P.t.l. p. 381.

R.F. 1965-14
L'ITALIENNE (Agostina Segatori, patronne du cabaret parisien «Le Tambourin»).
T. H. 0,81 ; L. 0,60.
Peint en 1887.
(La Faille 381. La Faille Hypérion 285).
Donation de la baronne Eva Gebhard-Gourgaud, 1965.
C.P.t.l. p. 383.

R.F. 1947-28
AUTOPORTRAIT.
T. H. 0,441 ; L. 0,351.
Peint à Paris en automne 1887.
(La Faille 320. La Faille Hypérion 400).
Donation de M. Jacques Laroche sous réserve d'usufruit, 1947 ; entré en 1976.

R.F. 3670
LES ROULOTTES. CAMPEMENT DE BOHÉMIENS, aux environs d'Arles.
T. H. 0,45 ; L. 0,51.
Peint en août 1888.
(La Faille 445. La Faille Hypérion 487).
Legs de M. et Mme Raymond Koechlin, 1931.
Cat. Impr. 146 — S.A.I. 1952. — C.P.t.l. p. 381.

R.F. 1944-9
EUGÈNE BOCH (1855-1941), peintre belge.
T. H. 0,60 ; L. 0,45.
Peint en septembre 1888.
(La Faille 462. La Faille Hypérion 490).
Legs Eugène Boch par l'intermédiaire de la Société des Amis du Louvre, 1941 ; entré en 1944.
Cat. Impr. 147 — S.A.I. 1953. — C.P.t.l. p. 382.

R.F. 1952-6
L'ARLÉSIENNE (Mme Ginoux).
T. H. 0,923 ; L. 0,735.
Peint en 1888.
(La Faille 489. La Faille Hypérion XI).
Donation de Mme R. de Goldschmidt-Rothschild née Marianne de Friedlander-Fuld, août 1944, sous réserve d'usufruit ; entré en 1974.

R.F. 1950-9
LA SALLE DE DANSE A ARLES.
T. H. 0,65 ; L. 0,81.
Peint en 1888.
(La Faille 547. La Faille Hypérion 555).
Donation de M. et Mme André Meyer sous réserve d'usufruit, 1950 ; abandon de l'usufruit, 1975.

R.F. 1949-17
PORTRAIT DE L'ARTISTE.
T. H. 0,650 ; L. 0,545.
Peint en 1889.
(La Faille 627. La Faille Hypérion 748).
Don Paul et Marguerite Gachet, 1949.
Cat. Impr. 156 — S.A.I. 1962. — C.P.t.l. p. 382.

R.F. 1959-2
LA CHAMBRE DE VAN GOGH A ARLES.
T. H. 0,575 ; L. 0,740.
Peint en septembre 1889.
Réplique du tableau peint à Arles en octobre 1888 (Chicago, Art Institute).
(La Faille 483. La Faille Hypérion 628).
Ancienne coll. Matsukata. Entré au Louvre en 1959, en application du traité de paix avec le Japon.
Cat. Impr. 153 — S.A.I. 1954. — C.P.t.l. p. 383.

R.F. 1973-25
HÔPITAL SAINT-PAUL A SAINT-RÉMY.
T. H. 0,63 ; L. 0,48.
Peint en octobre 1889.
(La Faille 653. La Faille Hypérion 666).
Donation M. et R. Kaganovitch, 1973.

R.F. 1952-17
LA MÉRIDIENNE ou LA SIESTE (d'après Millet).

T. H. 0,73 ; L. 0,91.
Peint en décembre 1889-janvier 1890, d'après un bois gravé de Jacques-Adrien Lavieille reproduisant l'une des «Quatre heures de la journée» dessinées par J.-F. Millet.
(La Faille 686. La Faille Hypérion p. 677).
Donation de Mme Fernand Halphen sous réserve d'usufruit, 1952 ; entré en 1963.
C.P.t.l. p. 382.

R.F. 1954-15
LE JARDIN DU DOCTEUR GACHET A AUVERS-SUR-OISE.
T. H. 0,73 ; L. 0,52.
Peint le 27 mai 1890.
(La Faille 755. La Faille Hypérion p. 557).
Don Paul Gachet, 1954.
Cat. Impr. 148 — S.A.I. 1955. — C.P.t.l. p. 382.

R.F. 1949-16
LE DOCTEUR PAUL GACHET (1828-1909).
T. H. 0,68 ; L. 0,57.
Peint en juin 1890.
(La Faille 754. La Faille Hypérion 753).
Don Paul et Marguerite Gachet, enfants du modèle, 1949.
Cat. Impr. 155 — S.A.I. 1961. — C.P.t.l. p. 382.

R.F. 1954-13
MADEMOISELLE GACHET DANS SON JARDIN.
Marguerite Gachet (1871-1949), fille du docteur Gachet.
T. H. 0,460 ; l. 0,555.
Peint le 1er juin 1890.
(La Faille 756. La Faille Hypérion p. 557).
Don Paul Gachet, frère du modèle, 1954.
Cat. Impr. 149 — S.A.I. 1956. — C.P.t.l. p. 382.

R.F. 1951-42
L'ÉGLISE D'AUVERS-SUR-OISE.
T. H. 0,940 ; L. 0,745.
Peint en juin 1890.
(La Faille 789. La Faille Hypérion p. 557).
Acquis avec le concours de Paul Gachet et d'une donation anonyme canadienne, 1951.
Cat. Impr. 150 — S.A.I. 1957. — C.P.t.l. p. 382.

R.F. 1954-12
ROSES ET ANÉMONES.
T. H. 0,517 ; L. 0,520.
Peint en juin 1890.
(La Faille 764. La Faille Hypérion p. 557).
Don Paul Gachet, 1954.
Cat. Impr. 151 — S.A.I. 1958. — C.P.t.l. p. 382.

R.F. 1954-16
DEUX FILLETTES.
T. H. 0,512 ; L. 0,510.
Peint en juin 1890.
(La Faille 783. La Faille Hypérion 773).
Don Paul Gachet, 1954.
Cat. Impr. 152 — S.A.I. 1959. — C.P.t.l. p. 383.

R.F. 1954-14
CHAUMES DE CORDEVILLE A AUVERS-SUR-OISE, dit autrefois : Chaumes de Montcel.
T. H. 0,73 ; L. 0,92.
Peint en juin 1890.
(La Faille 792. La Faille Hypérion 779).
Don Paul Gachet, 1954.
Cat. Impr. 154 — S.A.I. 1960. — C.P.t.l. p. 382.

VAN RYSSEL Paul,
pseudonyme du Dr Paul GACHET
Lille, 1828 - Auvers-sur-Oise, 1909.

R.F. 1954-28
LA VIEILLE ROUTE A AUVERS-SUR-OISE.
T. H. 0,405 ; L. 0,545.
S.D.b.d. : P. Gachet, 81.
Don Paul Gachet, fils de l'artiste, 1954.
Cat. Impr. 385 — S.A.I. 1963. — C.P.t.l. p. 386.

R.F. 1958-16
LES POMMES.
Carton. H. 0,27 ; L. 0,35.
S. vers le b.d. : V.R.
Acquis en 1958.
Cat. Impr. 385 a — S.A.I. 1964. — C.P.t.l. p. 386.

VIGNON Victor
Villers-Cotterêts (Aisne), 1847 - Meulan (Yvelines), 1909.

R.F. 2794
PAYSAGE A AUVERS-SUR-OISE.
MAISONS DANS LE VALLON.
T. H. 0,335 ; L. 0,415.
S.b. vers la g. : V. Vignon.
Peint vers 1880-85.
Don de MM. Bernheim-Jeune, 1911
(réinventorié par erreur R.F. 3930).
Cat. Impr. 438 — S.A.I. 1983. — C.P.t.l. p. 394.

R.F. 1953-36
CHEMIN DES FRILEUSES A EVECQUEMONT
(Yvelines).
T. H. 0,46 ; L. 0,65.
S.b.d. : V. Vignon.
Peint vers 1880-85.
Don André Kahn, 1953.
Cat. Impr. 437 — S.A.I. 1982. C.P.t.l. p. 394.

VLAMINCK Maurice de
Paris, 1876 - Rueil, 1958.

R.F. 1973-26
RESTAURANT A MARLY-LE-ROI.
T. H. 0,60 ; L. 0,815.
S.b.d. : Vlaminck.
Peint vers 1905.
Donation M. et R. Kaganovitch, 1973.

R.F. 1973-27
NATURE-MORTE.
T. H. 0,54 ; L. 0,645.
S.b.d. : Vlaminck.
Peint vers 1910.
Donation M. et R. Kaganovitch, 1973.

Donation Hélène et Victor Lyon

Exposée au Musée du Louvre

BOUDIN. Voiliers. Camaret. 1872.

CÉZANNE. L'Estaque. *v.* 1871 ?

FANTIN-LATOUR. Fleurs. 1872.

BOUDIN. Port de Trouville. 1891.

JONGKIND. Notre-Dame de Paris. 1854.

JONGKIND. Paysage. 1857.

JONGKIND. Patineurs. 1864.

JONGKIND. Entrée de port. Honfleur. 1886.

JONGKIND. Le canal. 1877.

LINDON. Nature morte.

MONET. Environs de Honfleur, neige. 1867.

PISSARO. Paysage à Pontoise. 1877.

MONET. Glaçons sur la Seine
à Bougival. *v.* 1867 ?

MONET. La débâcle près de Vétheuil. 1880.

PISSARO. L'abreuvoir. Eragny. 1895.

RENOIR. La lecture. *v.* 1890-95.

RENOIR. Portrait de femme.

RENOIR. Portrait
de femme assise. *v.* 1916-18.

SISLEY. La route de Marines. 1874.

SISLEY. Saint-Cloud. 1877.

SISLEY. Le bois des Roches.
1880.

TOULOUSE-LAUTREC
G.-L. Dennery. *v.* 1883.

Donation Hélène et Victor Lyon

sous réserve d'usufruit, 1961 ; entrée en 1977
*(conformément au désir des donateurs ces œuvres sont exposées
au Musée du Louvre avec les tableaux anciens formant cette collection)*

BOUDIN Eugène

R.F. 1961-31
VOILIERS. CAMARET.
T. H. 0,50 ; L. 0,76.
S.D.b.d. : Boudin 72 ?
(Schmit 796).

R.F. 1961-30
PORT DE TROUVILLE.
T. H. 0,41 ; L. 0,555.
S.D.b.g. : E. Boudin./Trouville 91.
(Schmit 2849).

CÉZANNE Paul

R.F. 1961-34
L'ESTAQUE. EFFET DU SOIR.
T. H. 0,435 ; L. 0,595.
Peint vers 1871 ?
(Venturi 57).

FANTIN-LATOUR Henri

R.F. 1961-39
FLEURS.
T. H. 0,315 ; L. 0,24.
S.D.h.g. : Fantin. 72.
(Fantin-Latour 632 ?).

JONGKIND Johan-Barthold

R.F. 1961-52
NOTRE-DAME-DE-PARIS.
T. H. 0,27 ; L. 0,405.
S.D.b.d. : Jongkind 54.

R.F. 1961-50
PAYSAGE.
T. H. 0,42 ; L. 0,56.
S.D.b.d. : Jongkind 57.
(Hefting 167).

R.F. 1961-54
PATINEURS.
T. H. 0,425 ; L. 0,56.
S.D.b.d. : Jongkind, 1864.

R.F. 1961-51
ENTRÉE DE PORT, HONFLEUR.
T. H. 0,425 ; L. 0,565.
S.D.b.g. : Jongkind, 1866.
(Hefting 386).

R.F. 1961-63
LE CANAL.
T. H. 0,240 ; L. 0,325.
S.D.b.g. : Jongkind, 1877.

LINDON Alfred
(1867 - Paris, 1948).

R.F. 1961-58
NATURE MORTE (copie d'après une œuvre
de Manet non identifiée).
T. H. 0,22 ; L. 0,33.

MONET Claude

R.F. 1961-60
ENVIRONS DE HONFLEUR. NEIGE.
T. H. 0,815 ; L. 1,02.
S.b.g. : Claude Monet.
Peint en 1867.
(D.W.I. 79).

R.F. 1961-62
GLAÇONS SUR LA SEINE A BOUGIVAL.
T. H. 0,65 ; L. 0,812.
S.b.d. : Claude Monet.
Peint vers 1867 ?
(D.W.I. 105).

R.F. 1961-61
LA DÉBÂCLE PRÈS DE VÉTHEUIL
(GLAÇONS PRÈS DE GIVERNY).
T. H. 0,652 ; L. 0,93.
S.b.d. : Claude Monet.
Peint en 1880.
(D.W.I. 572).

PISSARRO Camille

R.F. 1961-67
PAYSAGE A PONTOISE.
T. H. 0,46 ; L. 0,55.
S.D.b.d. : C. Pissarro 1877.
(Pissarro et Venturi 388).

R.F. 1961-66
L'ABREUVOIR. ÉRAGNY.
T. H. 0,55 ; L. 0,65.
S.D.b.g. : C. Pissarro 95.
(Pissarro et Venturi 924).

RENOIR Pierre-Auguste

R.F. 1961-70
LA LECTURE.
T. H. 0,55 ; L. 0,655.
S.b.d. : Renoir.
Peint vers 1890-1895.
(Daulte 601).

R.F. 1961-72
PORTRAIT DE FEMME.
T. H. 0,355 ; L. 0,272.
S.h.d. : Renoir.
Peint vers 1890-95.
(A. Vollard, *Tableaux, pastels et dessins de
P.A. Renoir*, 2 vol., Paris, 1918, t. I, n° 508).

R.F. 1961-71
PORTRAIT DE FEMME ASSISE.
T. H. 0,35 ; L. 0,27.
S.h.g. : Renoir. Tableau repris.
Peint vers 1910-1915.

SISLEY Alfred

R.F. 1961-78
LA ROUTE DE MANTES.
T. H. 0,38 ; L. 0,555.
S.D.b.d. : Sisley 74.
(Daulte 132).

R.F. 1961-76
SAINT-CLOUD.
T. H. 0,508 ; L. 0,659.
S.D.b.d. : Sisley 77.
(Daulte 253).

R.F. 1961-77
LE BOIS DES ROCHES VENEUX-NADON.
T. H. 0,73 ; L. 0,545.
S.D.b.g. : Sisley 80.
(Daulte 408).

TOULOUSE-LAUTREC Henri de

R.F. 1961-82
G.L. DENNERY (1863-1953), peintre.
T. H. 0,55 ; L. 0,462.
S. annoté (illisible) b.g. : H.T.L. (monogramme
entrelacé).
Peint vers 1883.
(Dortu P. 223).

Artistes non impressionnistes

Complément d'illustrations

AGUIAR. Maisons à Auvers. 1875.

AGUIAR. Vase de fleurs. *v.* 1875.

BERNARD. Paul Gachet. 1926.

BONNARD. Nu bleu. *v.* 1899-1900.

BONNARD. Intérieur. *v.* 1920.

CALS. Portrait de l'artiste. 1851.

CALS. Nature morte. 1870.

CALS. Soleil couchant à Honfleur. 1873.

Complément d'illustrations

CALS. Pêcheur. 1874.

CALS. Femme et enfant dans un verger. 1875.

CALS. Le Déjeuner à Honfleur. 1875.

CALS. Effileuses d'étoupe. 1877.

COROT. Maisons de pêcheurs à Sainte-Adresse. v. 1830.

COROT. Barques à voiles échouées. Trouville. v. 1830.

COROT. La Rochelle. 1851.

COROT. Tour au bord de l'eau. v. 1855-65.

COROT. Le chemin de Sèvres. v. 1855-65.

COURBET. Fleurs de cerisier. 1871.

DAUBIGNY. Les péniches. 1865.

DAUMIER. Le baiser. *v.* 1845.

DELACROIX. Bouquet de fleurs. *v.* 1849.

DERAIN. Pont de Westminster. *v.* 1906.

DERAIN. Enfant courant sur la plage.

DIAZ. Paysage. *v.* 1870.

DUBOURG. Coin de table. 1901.

DUBOURG. Fleurs dans un vase. 1910.

Complément d'illustrations

GOENEUTTE
Dr Paul Gachet. 1891.

HELLEU.
Le yacht Nereus. *v.* 1900.

LÉVY.
Monsieur Guerbois. *v.* 1885.

MOREAU-NÉLATON. La place
de Fère-en-Tardenois (Aisne). 1886.

MURER. L'Oise à l'Isle-Adam. *v.* 1903.

OSBERT. Antonin Personnaz. *v.* 1885.

OLLER Y CESTERO. Bords de Seine. 1875.

OLLER Y CESTERO. L'étudiant.

ROUART. La terrasse au bord de la Seine
à Melun. *v.* 1880.

ROUART. L'Eglise San Michele,
près de Venise. *v.* 1883.

ROUSSEAU Théodore. Le matin. *v.* 1850-55.

STEVENS. Scène familiale.
v. 1880.

VAN RYSSEL Paul. La vieille route
à Auvers-sur-Oise. 1881.

VAN RYSSEL Paul. Les pommes.

VIGNON. Paysage
à Auvers-sur-Oise. *v.* 1880-85.

VIGNON. Chemin des Frileuses
à Evecquemont. *v.* 1880-85.

VLAMINCK. Nature morte. *v.* 1910.

VLAMINCK. Restaurant
à Marly-le-Roi. *v.* 1905.

Complément d'illustrations

Documents (anonymes, copies, faux)

Anonyme

XIXᵉ siècle.
INV. 20069
ATTELAGE DE BŒUFS.
T. H. 0,46 ; L. 0,71.

Copies

d'après CÉZANNE

Paul VAN RYSSEL
pseudonyme du Dr Paul Gachet.
Lille, 1828 - Auvers-sur-Oise, 1909.

R.F. 1958-17
UNE MODERNE OLYMPIA.
T. H. 0,455 ; L. 0,550.
Copie d'après le tableau peint par Cézanne
à Auvers (R.F. 1951-31).
Don Paul Gachet, fils de l'artiste, 1958.
Cat. Impr. 385 b — S.A.I. 1965. — C.P.t.l. p. 386.

R.F. 1958-19
PIVOINES.
T. H. 0,380 ; L. 0,465.
Copie d'après un tableau de Cézanne non identifié.
Don Paul Gachet, fils de l'artiste, 1958.
Cat. Impr. 385 d — S.A.I. 1967. — C.P.t.l. p. 386.

Louis VAN RYSSEL,
pseudonyme de Paul GACHET fils
Auvers-sur-Oise, 1873-1962.

R.F. 1958-20
BOUQUET DE DAHLIAS.
T. H. 0,73 ; L. 0,54.
S.D.b.d. : L. Van Ryssel 06.
Inscr. b.g. : P. Cézanne.
Copie d'après le tableau peint
par Cézanne à Auvers (R.F. 1971).
Don Paul Gachet, 1958.
C.P.t.l. p. 386.

Copies

Louis VAN RYSSEL

R.F. 1958-21
BOUQUET DANS UN VASE DE DELFT.
T. H. 0,41 ; L. 0,27.
S.D.b.g. : L. Van Ryssel 06.
Inscr. b.q. : P. Cézanne.
Copie d'après le tableau peint par Cézanne
à Auvers (R.F. 1951-33).
Don Paul Gachet, 1958.
C P t l. p. 386

R.F. 1958-22
POMMES VERTES.
T. H. 0,26 ; L. 0,32.
Copie d'après le tableau peint par Cézanne
à Auvers (R.F. 1954-6).
Don Paul Gachet, 1958.
C.P.t.l. p. 386.

d'après DEGAS

M.N.R. 848
MANZI (1849-1915).
Graveur et éditeur d'art.
T. H. 0,70 ; L. 0,703.
Copie.
P.A. Lemoisne signale un pastel analogue, de plus
petites dimensions (0,49 x 0,32, L. 995) qu'il
date vers 1890.
Attribué au Musée du Louvre par l'Office des Biens
privés, 1951.

d'après PISSARRO

Paul VAN RYSSEL

R.F. 1958-18
VUE DE LOUVECIENNES. NEIGE.
T. H. 0,40 ; L. 0,54.
S.D.b.g. : P.V.R. 1-77.
Copie d'après un tableau de Pissarro (Pissarro et
Venturi 132).
Don Paul Gachet, fils de l'artiste, 1958.
Cat. Impr. 385 c – S.A.I. 1966. – C.P.t.l. p. 386.

d'après RENOIR

M.N.R. 525
PORTRAIT DE FEMME.
T. H. 0,415 ; L. 0,328.
Copie.
Voir le *Portrait d'Alfred Sisley et de sa femme*
peint par Renoir en 1868.
(Cologne, Wallraf-Richartz Museum).
Attribué au Musée du Louvre par l'Office des Biens
privés, 1950.

d'après VAN GOGH

INV. 20621
LA LOTERIE.
C sur panneau H. 0,383 ; L. 0,507.
Copie.
Voir une aquarelle gouachée de Van Gogh de
1882 (Amsterdam, Rijksmuseum V. Van Gogh).
Attribué au Musée du Jeu de Paume par le Minis-
tère des Finances, 1973.

Complément d'illustrations

Faux

CÉZANNE

M.N.R. 528
LA MONTAGNE SAINTE-VICTOIRE.
T. H. 0,55 ; L. 0,46.
S.b.d. : P. Cézanne.
Faux.
(J. Rewald, "Modern fakes of modern pictures".
Art News, vol. 52 (mars 1953), pp. 16-21).
Attribué au Musée du Louvre par l'Office des Biens
privés, 1950.

JONGKIND

M.N.R. 509
COUCHER DE SOLEIL.
T. H. 0,42 ; L. 0,56.
S.D.b.h. : Jongkind 1858.
Très douteux.
Attribué au Musée du Louvre par l'Office des Biens
privés, 1950.

RENOIR

M.N.R. 200
MARINE.
T. H. 0,462 ; L. 0,554.
S.b.g. : Renoir.
Faux.
Attribué au Musée du Louvre par l'Office des Biens
privés, 1950.

M.N.R. 840
PETIT PORT.
T. H. 0,462 ; L. 0,558.
S.b.g. : Renoir.
Faux.
Attribué au Musée du Louvre par l'Office des Biens
privés, 1951.

SISLEY

M.N.R. 634
PONT SUR LE LOING.
T. H. 0,54 ; L. 0,65.
S.D.b.g. : Sisley 80.
Faux.
Attribué au Musée du Louvre par l'Office des Biens
privés, 1951.

TOULOUSE-LAUTREC

M.N.R. 524
COQUELIN DANS CYRANO.
T. C. H. 0,445 ; L. 0,30.
S.b.d. et inscription : Coquelin dans Cyrano.
H.T. Lautrec (les trois initiales en monogramme).
Faux.
(Voir frontispice en couleurs de Aug. F. Gorguet
dans Edmond Rostand, *Œuvres complètes illustrées...
Cyrano de Bergerac...*, Paris, Librairie Pierre Lafitte
et Cie, s.d. [1910]).
Attribué au Musée du Louvre par l'Office des Biens
privés, 1950.

Photos: Service Photographique
de la Réunion des musées nationaux

Maquette Pierre Chapelot

Photocomposition: Union Linotypiste

Photogravure
couleur : Victor Michel
noir : Photogravure Point

Impression : Imprimerie Moderne du Lion.
75 bis, rue des Plantes, 75014 Paris
Dépôt légal : 3e trimestre 1982.
No d'impression 82/25253.